OBSERVATIONS
D'HISTOIRE NATURELLE,
FAITES
AVEC LE MICROSCOPE,

Sur un grand nombre d'Infectes, & fur les Animalcules qui fe trouvent dans les liqueurs préparées, & dans celles qui ne le font pas, &c. avec la Defcription & les Ufages des différens Microfcopes, &c.

Partie déjà publiées par feu M. JOBLOT, Profeffeur en Mathématiques de l'Académie de Peinture & de Sculpture : partie rédigées fur fes Obfervations poftérieures.

Avec un grand nombre de Figures.

TOME SECOND.

A PARIS,

Chez BRIASSON, Libraire, rue Saint Jacques, à la Science.

M. DCC. LV.

AVEC APPROBATIONS ET PRIVIELEGE DU ROY.

TABLE DES CHAPITRES
DU SECOND VOLUME.

PREMIERE PARTIE.

SECONDE PARTIE.

Fin de la Table des Chapitres du fecond Volume.

AVIS AU RELIEUR.

On placera les quatorze Planches, Tome I. Partie I. à la fin de cette Partie, avant la feconde Partie de ce Volume.

Les quinze Planches, Tome I. Partie II. après cette feconde Partie.

Les vingt-quatre Planches du Tome II. en une feule fois, après le Tome fecond.

Et on obfervera toûjours de laiffer les papiers blancs, pour que les Figures fortent en-dehors du Livre.

vj

OBSERVATIONS

D'HISTOIRE NATURELLE.

SECONDE PARTIE,

CONTENANT la Description & les Usages des différens Microscopes.

CHAPITRE PREMIER.

Description des Microscopes dont l'Auteur a fait usage.

APRÉS avoir rapporté tout ce que j'ai observé de plus singulier & de plus imperceptible à la simple vûe dans divers mixtes, soit solides, soit liquides, & sur-tout les petits animaux que les yeux armés d'excellens Microf-copes y apperçoivent, j'ai crû qu'il falloit expofer à la fuite toutes les pieces des inftrumens que j'ai employés à ces re-cherches.

Defcription & ufage des nouveaux Microfcopes dont on peut fe fervir à la lumiere du jour ou à celle d'une chandelle.

CHAQUE Microfcope me paroit avoir fes ufages parti-culiers, de forte que je ne penfe pas qu'on en puiffe inventer aucun qui renferme feul toutes les propriétés de ceux que je vais propofer.

En voici un qui paroît exempt des défauts qu'on remar-que dans les autres, & plus univerfel que ceux que j'ai vûs : feul, il fervira à toutes les expériences qu'on fait ordinai-rement avec beaucoup d'autres diverfement conftruits ; & quoiqu'il paroiffe d'abord fort compofé, on avouëra qu'il eft très-fimple par rapport à la diverfité de fes effets : il a même cet avantage, que l'on peut comprendre en un inf-tant la maniere de s'en fervir dans l'examen d'une infinité de nouveaux objets très-agréables à la vûe, & très-propres à prouver la puiffance infinie du Créateur, en expofant à nos yeux tant d'efpeces d'animaux, qui font peut-être un million de fois plus petits que le ciron, que l'on peut regar-der comme l'éléphant de la plûpart de ces infeétes.

Planche 1.   Ce Microfcope repréfenté tout entier en **A**, eft compofé de quatorze à quinze pieces principales.

Planche 2.   **B**, qui en eft le profil, fait par la feétion d'un plan qui l'a divifé en deux parties égales, pour en faire voir le de-dans, & les différentes épaiffeurs des pieces qui le com-pofent.

C, eft la repréfentation d'un manche qui fe monte à vis fous le petit canon cylindrique du Microfcope, où l'on a foudé une virole dans laquelle il y a un écrou, comme on voit dans le profil **B**.

D, eft le deffein d'une petite boëte ou porte-lentille.

E, en

E, en est le profil ; F, l'entrée ; & G, le dessous, où il y a un petit rebord pour soutenir un diaphragme qui doit porter la lentille marquée 2.

1, est une virole au bord superieur de laquelle on a reservé une moulure pour la tenir plus facilement ; elle est refenduë en quatre differens endroits également espacez, pour faire l'effet d'un ressort.

3, est le plan du dessous de cette virole : son usage est de retenir la lentille qui se met dans la boëte D, & de l'y affermir entre deux petits diaphragmes de plomb placez au centre.

H, est une platine vûë par devant, au milieu de laquelle il y a un trou de quatre lignes de diametre, pour recevoir plusieurs boëtes l'une après l'autre, comme D, dans chacune desquelles il y a une lentille, dont le foyer est different de celuy de chacune des autres ; ce qui est tres-avantageux pour réüssir dans les diverses observations que l'on se propose de faire.

I, represente la même platine vûë par derriere ; L, est le profil de la platine H, où on voit l'épaisseur de la queuë qui y est rivée & soutenuë par une rosette, comme on le remarque au bas de la platine H, où est son profil L.

M, est le dessein d'un verre taillé en forme d'un quarré long, creusé spheriquement au milieu, pour porter les gouttes de liqueurs qu'on y met, en sorte qu'on puisse assez l'approcher de la lentille.

Ce verre M, qu'on peut nommer porte-objet, & qui doit avoir tres-peu d'épaisseur dans le milieu, est taillé en biseaux des deux côtez les plus longs, afin qu'il entre justement dans une coulisse representée sur la platine N ; & qu'il y soit encore retenu, si l'on veut, par un levier à ressort qui s'appuye dessus ; ainsi qu'on le voit exprimé dans le dessein marqué N, & mieux encore dans son profil P O.

O, est le plan tout uni du derriere de cette même piece N.

P, est le profil du ressort de la coulisse, où l'on fait entrer les portes-objets, qui doivent être differens & nombreux, pour faire voir en peu de tems plusieurs sortes de choses.

A

Planche 3.

Q, est le dessein d'une autre piece vûë par devant, qu'on peut nommer porte-pincette, à cause qu'on y en peut mettre plusieurs l'une après l'autre ; tenant l'une un poux, l'autre une puce, &c. que l'on conduit vis-à-vis de la lentille du Microscope, pour y être observée de tous côtez, par les mouvemens divers de la pincette, qu'on y tourne comme on veut ; soit en l'avançant, soit en la reculant.

Planche 3.

R S, est le profil de la pincette qu'on voit arrêtée sur la piece marquée Q.

T, T, T, T, sont differens desseins de plusieurs pincettes à ressort, plus commodes que la précedente, pour pincer facilement les petits insectes vivans ou morts qu'on y veut attacher. X, est la representation d'une platine soudée par le bas au petit canon cilindrique. Cette piece a deux ouvertures, la plus grande est de onze lignes de diametre ; on y voit l'autre representée dans sa juste grandeur, & dont les usages seront cy-après expliquez.

V, X & Z, sont trois pieces qui doivent être jointes & attachées ensemble, de chacune desquelles il faut donner une idée assez claire pour en faire comprendre la méchanique & l'usage.

V, est le dessein de la premiere des trois pieces dont je viens de parler, vûë par devant ; elle a une ouverture ronde de six lignes de diametre, & trois petits écrous autour d'elle, également espacez : & sur le même plan on y a rivé deux pieces un peu élevées pour former une coulisse.

Au derriere de cette même piece marquée par Y, & tout à l'entour de son ouverture, on y a fait une élevation en forme de parapet ou d'une virole épaisse d'une ligne, qui se loge & tourne librement dans l'ouverture ronde de la platine X.

Cette platine X, qui est la seconde & la plus grande des trois pieces qui doivent être liées ensemble, a onze lignes de diametre pour son ouverture.

Z, est la troisiéme qui est toute ronde par ses bords, & de peu d'épaisseur, aussi-bien que les deux précedentes ; elle est vûë seulement du côté posterieur du Microscope, & cachée du côté où sont les ressorts d'acier, dont nous parlerons bien-tôt. L'ouverture qui est au milieu n'a que six lignes de diametre : il y a vers le bord de cette circonference trois petits trous qui répondent justement aux trois écrous de la platine V.

On a de plus pratiqué autour de cette platine Z , & vers le bord exterieur de sa circonference , un petit canal de deux lignes de largeur , & de peu de profondeur , pour y loger à des distances égales trois petits ressorts d'acier trempez , qui sont fixez par un bout sur le fond de ce canal.

Cela supposé , il faut maintenant assembler ces trois platines ; & pour cet effet , appliquez le derriere Y de la platine V sur le devant de la platine X ; & celle qui est marquée Z , sur le derriere de la même platine X , en sorte que les ressorts la touchent , faisant aussi répondre les trois trous de l'une aux trois trous de l'autre ; & arrêtant ensuite ces trois platines ainsi posées , avec trois petites vis , on aura le mouvement de la piece V , doux , égal & uniforme , en sorte qu'elle demeurera fixe dans tous les endroits où il sera nécessaire qu'elle reste.

&, représente le dessein d'une piece composée d'un petit canon cilindrique , d'une autre piece à coulisse , d'une virole Planche 4. au-dedans de laquelle il y a un écrou pour y faire entrer à vis le manche qui sert à soutenir le Microscope entier ; & enfin d'une petite rouë marquée b , au milieu de laquelle il y a un écrou.

a , est la représentation du profil de toutes les pieces dont nous venons de parler dans le dessein marqué &.

c , est le plan de la largeur du ressort attaché interieurement au-dedans du canon , par le moyen de deux petites vis , dont on voit les têtes & le corps dans le profil a.

5 , 6 , 7 , sont trois desseins d'une même piece creuse , qui est faite en forme d'un parallelepipede rectangle , à laquelle on a attaché un ressort qui regne le long de sa partie superieure , comme on voit en la figure 6 , & une vis à son extrémité qui entre dans l'écrou de la rouë b , dont l'usage est d'approcher ou d'éloigner les objets de la platine H , par un mouvement uniforme.

5 & 7 sont deux profils de cette même piece ; l'un de ces

profils marqué 7 , fait voir le dedans de la piece , & l'autre qui eſt repreſenté par le chiffre 5 , la fait voir par le côté & par dehors , afin de voir l'épaiſſeur du reſſort.

d , eſt la repreſentation d'un gros canon , garni par dedans d'un tuyau de velours ou de drap noir , & de deux diaphragmes appliquez à ſes extrémitez.

e , eſt le profil de ce gros canon cilindrique : f & g , en repréſentent les diaphragmes.

h , eſt une eſpece de virole ou de boëte ouverte des deux côtez , qui ſert à arrêter les diaphragmes de diverſes ouvertures , qui ſe placent à l'extrémité objective du gros canon , auquel ſont attachez deux tenons à jour , par où paſſe une eſpece de regle à couliſſe , ſoudée à la partie ſuperieure du petit canon &. Entre les deux tenons de ce gros canon cilindrique , on apperçoit un petit reſſort d'acier trempé , dont l'uſage eſt de rendre le mouvement du canon plus égal.

La plus grande partie des pieces de ce Microſcope ſe peut faire d'argent ou de laiton. Les portes-objets doivent être faits de beaux morceaux de glace des plus tranſparens , & des mieux choiſis. On peut auſſi en faire quelques-uns de carton , ouvert par le milieu , ou de quelqu'autre matiere qui convienne aux divers objets qu'on y veut mettre , comme aîles de mouches , plumes menues de ſerins de canarie , &c.

Nous avons negligé de déterminer par des meſures particulieres , la grandeur de chaque piece de ce Microſcope ; parce que les Figures les repréſentent aſſez bien & aſſez juſte , dans les mêmes proportions que Monſieur le Febvre , tres-habile Ingenieur pour la conſtruction des inſtrumens de Mathematiques , les a executées.

Des uſages de ce Microſcope.

JE n'aurois jamais fait ſi je voulois rapporter tous les uſages de ce Microſcope ; c'eſt pourquoy , pour ne pas entrer dans un détail trop long , je me contenteray de dire en general , qu'on le peut employer tres - avantageuſement à l'examen des petits animaux , de leur ſang , & des autres liqueurs contenuës dans leurs differens vaisseaux ; & à la découverte des moindres particules, tant des mineraux que des plantes, où l'on apperçoit une infinité de choses nouvelles dans leurs graines, dans leurs tiges, dans leurs feüilles, dans leurs boutons, dans leurs fleurs; & enfin dans toutes les infusions de chacune de ces parties, ou de plusieurs ensemble; dont la moindre goutte contient souvent une multitude prodigieuse de créatures vivantes d'une petitesse qui échape aux meilleurs yeux destituez du secours de l'art.

Lorsque l'on se propose d'examiner quelques-unes des liqueurs dont il est parlé dans cette Histoire, il faut enfoncer le petit bout d'un menu bâton, ou l'extrémité la plus menuë d'une plume, jusqu'à profondeur de deux lignes au plus, & vers les bords du vaisseau, y faisant même toucher ce bout de plume, pour le porter ensuite chargé d'un peu de liqueur sur le milieu du concave fait sur le porte-objet de verre engagé dans la coulisse, de la piece du Microscope marquée Planche 1. N, qui est décrite cy-devant : par ce moyen une partie du peu de la liqueur, qui s'étoit attachée au bout de la plume, coule dans cette cavité du porte-objet, & y forme une gouttelette du diametre d'une ligne ou environ, qui paroît au Microscope comme un lac d'une vaste étenduë, dans lequel on voit nager une quantité surprenante de tres-petits poissons de diverses grosseurs, figures & mouvemens.

Nous expliquerons plus loin une nouvelle maniere d'appliquer le vinaigre sur le porte-objet du Microscope, plus convenable que celle-cy, parce qu'on y peut mettre tres-facilement beaucoup plus d'anguilles; nous dirons seulement icy que les lentilles qui grossissent le plus sont les moins propres à observer ces insectes, à cause que la grandeur monstrueuse sous laquelle ces lentilles les font paroître, empêche de les voir toutes entieres; de sorte qu'il suffit de les observer avec une lentille d'environ une ligne & demie de foyer, pourvû qu'elle soit excellente.

Nous avons déja dit que les poux, les puces, & d'autres animaux de pareille grosseur, pouvoient s'y observer tout vivans, par le moyen des pincettes qu'on ajoûtoit à la platine marquée Q, & nommée porte-pincettes ; & nous ajoû-

A iij

tons de plus , que ces mêmes infectes peuvent être enfermez en un des portes-objets de verre creufé fpheriquement, & couvert d'une lame fort mince de verre ou de talc , afin de les empêcher de fortir de leur prifon.

Pour faire tenir ce couvercle plat & tranfparent fur le concave , on fe fervira d'un peu d'eau gomée , ou de la fimple humidité de l'halene qu'on y poufîera de près.

On peut encore attacher ces efpeces d'infectes , comme les mittes de fromage , les fourmis , &c. fur un petit verre plan , ou fur un concave de même matiere , au moyen d'un peu d'eau gomée dont on le moüille legerement avec un pinceau , ou avec le bout du doigt.

Les cheveux , les aîles de mouches , les petites plumes des oifeaux , &c. fe peuvent attacher à des portes-objets de carton fin percez à jour , qui entrent dans la couliffe de la platine N , où eft attaché le petit levier à reffort qui les y fixe , pour y être plus facilement obfervez.

Planche 2.

Les mouches , & d'autres animaux de femblable petiteffe , s'y peuvent obferver toutes entieres , en les traverfant d'une aiguille , & les regardant dans cet état avec une lentille d'un foyer proportionné au volume de ces animaux.

Les rubans & les étoffes de foye s'attachent en petits morceaux à l'une des pincettes dont on a parlé , ou au bout d'un poinçon emmanché , qui doit entrer dans le petit bras cilindrique & creux du porte-pincette.

Les grains de fable , les petites graines , la poufîiere qu'on trouve dans les fleurs , & generalement tous les corps durs de pareille groffeur , tranfparens ou non , s'y peuvent auffi voir & obferver tres-exactement.

Les grains de fable y paroiffent diverfement , felon les differentes façons de les préparer pour les y regarder.

Premierement , on les peut répandre fur le concave ou porte-objet , humecté fimplement de l'halene , en obfervant de n'y en mettre qu'autant qu'il y en faut pour n'être pas les uns fur les autres , & les regarder avec une lentille de deux lignes de foyer feulement ; tantôt au jour , & tantôt à la lumiere d'une chandelle ; car de ces lumieres differentes il naîtra differentes fenfations.

Secondement. Si fur ces mêmes grains de fable vous y faites tomber une petite goutte de vinaigre, dans lequel il s'y trouve des anguilles, elles vous fourniront un nouveau fpectacle affez divertiffant, par rapport à l'embarras où elles fe trouvent de fe dégager d'entre les maffes de rochers formées par ces grains de fable qui leur tombent fur le corps, par les fecouffes qu'elles leur donnent, en les écartant les uns des autres, pour fe faire un paffage libre.

Troifiémement. Mais comme cette préparation du grais, ou du fable mis feul fur le concave du verre, ou avec les anguilles, demande beaucoup d'adreffe pour éviter qu'il ne fe faffe des rayes fur ce concave ou porte-objet, qu'il faut tâcher de conferver le plus long-tems qu'il eft poffible, à caufe de la difficulté qui fe trouve à le bien faire; j'ay jugé à propos de chercher un autre moyen de donner le même plaifir, en évitant le danger dont je viens de parler.

Pour cet effet il n'y a qu'à fe fervir d'un porte-objet fait d'une lame de laiton, au milieu de laquelle on fait un trou d'une demie ligne de diametre, dans lequel vous mettrez une petite goutte de vinaigre, que vous pourrez obferver feule, ou avec les grains de fable, en les y répandant en petite quantité.

Quatriémement. Ces grains de fable fe peuvent encore obferver, en les mettant fur un porte-objet d'ébene noire, fait comme une petite dame, au bord de laquelle on y a refervé deux petites élevations qui les empêchent de tomber, & un petit trou fait dans l'épaiffeur de cette piece, où l'on fera entrer un manche d'argent ou de laiton, qui fervira à la tenir comme en l'air, en le fourrant dans le bras du porte-pincette, & regardant ce qui fera deffus ce porte-objet de haut en bas, comme on regarde ordinairement les mêmes chofes avec un Microfcope à trois verres; puis comparant cette façon de voir à la précedente, on remarquera plufieurs circonftances qui feront peut-être le fujet d'une differtation affez propre pour nous inftruire de plufieurs faits nouveaux fur l'optique.

Toutes les graines & les autres corps d'une certaine grandeur fe placeront de même, en obfervant de mettre fur une dame noire ceux qui feront blancs, & ceux qui auront de la tranſparence, & les opaques ſur une autre dame blanche.

CHAPITRE II.

Deſcription d'un autre nouveau Microſcope à liqueurs.

CE Microſcope, quoyque de petit volume, ne laiſſe pas d'être un des plus commodes que l'on ait juſqu'à preſent inventé; & principalement en ce que le porte-objet conſerve à l'égard de la lentille le même point de diſtance qui ne ſe dérange pas, en y mettant de la liqueur nouvelle. Il eſt compoſé d'environ quinze pieces que l'on a deſſinées ſéparement, afin d'en mieux faire connoître la conſtruction & l'uſage.

Planche 5.   La Figure A eſt la repréſentation du Microſcope entier, compoſé de toutes ſes parties.

B, eſt une piece d'ébene façonnée, vûë par-deſſous, & percée à jour dans ſon milieu; comme il paroît dans ſon profil D, où l'on voit un petit rebord x x, abaiſſé au-deſſous de ſon plan inferieur, plus ou moins haut, ſelon l'épaiſſeur de la lentille qu'on y veut arrêter.

Cette piece d'ébene, dont le deſſous eſt vû en B, pour exprimer non-ſeulement le plan qui s'applique ſur la piece marquée F, de laquelle on va parler, mais auſſi la largeur du rebord x x, celle de la virole, & l'un des deux diaphragmes de plomb qui doit couvrir la lentille, font ce qu'on nomme ordinairement le porte-lentille, dont le circuit x x doit entrer avec juſteſſe dans l'ouverture pratiquée en F, & s'y arrêter ainſi montée par le moyen de deux petits tenons tournans, qui ſe peuvent remarquer à droit & à gauche de cette piece F.

Il eſt à propos d'avoir deux montures d'ébene ainſi conſtruites, & de les garnir de lentilles d'inégales convexitez, pour augmenter plus ou moins l'apparence des objets.

La Figure E ou F, repreſente une plaque de laiton, qui

doit

doit être attachée avec deux vis fur le corps du Microfcope , comme on le peut voir en A.

Cette même piece eft vûë en F par-deffus, & en E par le
deffous , où l'on voit le reffort courbé qui y eft attaché avec
deux petits rivez.

Ce reffort que l'on a feparé de la piece E , eft repréfenté
tout feul au-deffous de la lettre H ; le corps de ce Microfcope , qui eft une virole de laiton affez épaiffe pour pouvoir
être viffée par dehors , & avoir un écrou en dedans , eft
repréfenté par la Figure O ou N : il doit avoir deux petits
bras qui débordent la circonference de fon extrémité fuperieure , pour y attacher la piece E avec deux petites vis ,
comme elle paroît dans cette Figure N.

Cette même virole , au bas de laquelle on a fait une vis ,
doit auffi avoir un écrou en dedans qui luy réponde, comme
on le peut remarquer dans fon profil N ; elle doit auffi avoir
deux ouvertures quarrées à fes côtez oppofez, de la largeur
chacune d'un peu plus du quart de fon circuit , pour recevoir la piece de laiton repréfentée en T M, qui y doit hauffer
& baiffer librement , lorfqu'elle eft pouffée par la piece reprefentée en Q, ou repouffée par le reffort H ; & c'eft entre
cette piece & le reffort que fe place le porte - objet creufé
fpheriquement , de maniere que la concavité de ce verre
foit tournée vers la piece R , dont je parleray bien-tôt.

La Figure Q eft une autre virole dans laquelle il y a un
écrou pour recevoir la vis de la piece O , qui eft le corps du
Microfcope.

Cette virole a un rebord dentelé , pour empêcher que les
doigts ne gliffent deffus en la tournant. Cette piece étant
mûë en un fens , force le reffort , & pouffe la plaque T M
vers F ; & par confequent approche de la lentille le porte-
objet qu'elle foutient , & qui s'éloigne au contraire de cette
même lentille , en tournant la virole Q d'un autre fens.

La Figure marquée par la lettre P , eft le profil de la virole dont on vient de parler , où l'on voit un écrou en
dedans.

S, repréfente un canon cilindrique d'ébene tres-noire ,
façonné au tour & enrichi de quelques moulures , ayant en-

viron vingt lignes de longueur : il est percé à jour, d'un bout à l'autre, pour laisser passer la lumiere, comme on le peut remarquer par son profil marqué R. Il y a une vis à l'un de ses bouts qui doit entrer dans l'écrou interieur du corps du Microscope, & à l'autre bout quelques moulures qui ne servent que d'ornemens, & un petit enfoncement qu'on y a pratiqué, pour y arrêter un diaphragme marqué V, au milieu duquel on fait un trou plus ou moins grand, suivant le plus ou le moins de lumiere qu'il faut, pour bien voir les objets qui font tout le sujet de notre attention.

Pour se servir de ce Microscope, la lentille étant arrêtée où nous avons dit qu'elle devoit l'être, & le porte-objet I placé entre la piece T M & le ressort ; il n'y a qu'à ôter le canon S, & dans le milieu du concave qui se presente, mettre avec le bout d'une plume un peu de la liqueur où sont les animaux que l'on veut observer ; puis ayant remis le canon, approcher ou éloigner le porte-objet de la lentille, en tournant ou détournant la virole Q, jusqu'à ce qu'il soit au foyer.

CHAPITRE III.

Description d'un troisiéme Microscope à liqueurs.

Planche 6. A, Représente le Microscope tout entier vû de côté. B, est le profil de ce Microscope, fait par la section d'un plan qui divise toutes ses parties en deux également, pour en voir les diverses épaisseurs.

C, est le dessein du même Microscope vû par-devant.

a, a, a, a, representent quatre desseins du porte-lentille, dans l'un desquels il est vû de côté ; dans un autre il est vû par-devant ; & les deux autres en font des profils, vûs dans deux situations differentes, l'une verticale, & l'autre horifontale.

b, est une platine de laiton bien dressée des deux côtez, un peu recourbée par en bas, & ouverte par le haut d'un grand trou rond où s'enchâsse le porte-lentille, qu'on y arrête fermement par le moyen de deux petits tenons, rivez & mobiles au-devant de cette platine.

On a auffi rivé ou foudé au bas de cette même platine, une vis d'acier d'environ quinze lignes de longueur, & de deux lignes au moins de diametre, qui s'engage à angles droits dans l'épaiffeur de cette même piece.

c, c, c, c, eft la reprefentation du profil & des plans les plus larges d'un reffort d'acier trempé, & recourbé à peu prés comme font les pincettes de même matiere qui fervent à arracher le poil, & duquel les branches inégales contribuent à approcher & à éloigner parallelement au porte-objet f, la platine b. Ce reffort qui n'eft attaché à aucune des pieces du Microfcope, s'y applique pourtant tres-avantageufement, comme on le va dire.

On fait entrer le bout recourbé de la branche la plus courte de ce reffort dans une entaille ou fente faite vers l'extrémité fuperieure de la virole, où s'engage le manche du Microfcope. Et l'autre bout recourbé du même reffort entre dans deux petites coches taillées aux côtez du bas de la platine marquée b.

d, d, d, eft une feconde platine qui fait l'office d'un reffort, fenduë en fa partie fuperieure, ouverte par fon milieu d'un grand trou rond, coudée un peu au-deffous de fon extrémité d'en-bas, où elle eft entaillée en demy cercle, pour embraffer la moitié du petit canon cilindrique, étant arrêtée d'ailleurs par une vis qui fe fait voir entre les deux canons du profil B, de tout le Microfcope.

e, e, e, e, reprefentent une troifiéme platine, ouverte comme la précedente dans le milieu de fa plus large partie, étant foudée par fa bafe à la virole qui reçoit le manche du Microfcope.

On voit au bas de cette même platine e, un petit canon cilindrique & creux, d'environ huit à neuf lignes de longueur, & de deux ou trois lignes au plus de diametre ; on l'y voit appliqué à angles droits & foudé : il eft de plus traverfé de bout en bout d'une vis attachée à la platine b.

Au derriere de la platine e, on y voit deux petits tenons en forme de crochets, qui fervent à arrêter fermement le

gros canon au bout duquel on met les diaphragmes de diverses ouvertures.

f, est le porte-objet de verre, plan d'un côté, & concave
de l'autre, pour y appliquer les liqueurs & les autres objets
que l'on veut observer.

Ce porte-objet se fourre entre les deux platines d, e, de
maniere que le côté plan regarde la lentille ; & dans cette
situation on le peut mouvoir selon le besoin.

g, g, g, est une petite roüe dentelée, servant d'écrou à
une vis attachée à la platine b, dont l'usage, joint à celuy du
ressort, est d'approcher & de reculer la lentille de l'objet.

h, h, h, h, est un gros canon d'ébene qui sert de diaphragme, & qui se monte derriere la troisiéme platine e, à
peu près comme le couvercle d'un sucrier, sur le sucrier
même.

Des Desseins aussi corrects & aussi élegans que le sont
ceux-cy, de toutes les diverses pieces qui composent ce
Microscope, ne me paroissent pas avoir besoin d'une plus
ample explication, particulierement si l'on se ressouvient de
ce que nous avons déja dit de quelques pieces qui entrent
dans la composition des Microscopes précedens, lesquelles
sont semblables, ou ont beaucoup de rapport à celles de celuy que je viens de décrire.

CHAPITRE IV.

Description & usage d'un quatriéme Microscope tres-simple.

Planche 7. A BC, sont les profils des trois pieces D E F, qui composent le Microscope, que je fais ordinairement d'é-
bene.

La piece E du milieu, qu'on peut nommer le corps du
Microscope, contient deux écrous, l'un superieur, & l'autre
inferieur, qui se découvrent dans son profil B, pour recevoir
les vis des pieces D F.

C, est le profil d'une autre piece percée à jour, sur laquelle il y a une vis, & un verre qui est concave d'un seul

côté, dont l'ufage eft de porter les objets qu'on met deffus pour y être obfervez.

A, eft le profil d'une autre piece, où l'on voit une vis qui fe monte dans l'écrou fuperieur de la piece du milieu marquée B. Cette piece A peut être appellée porte-lentille; parce qu'on y en met une entre deux diaphragmes reprefentez en G, G; & on les y fixe avec une petite virole de laiton H, qui fait reffort.

Cette lentille I étant ainfi portée proche de l'œil, fait découvrir un champ d'autant plus grand, qu'elle en eft prés. Il ne faut pourtant pas que ce verre foit fi proche de l'œil, qu'il en puiffe être terni par la tranfpiration de cet organe.

Il y a un trou au-deffus du porte-objet F, d'environ une ou deux lignes de diametre, qui permet le paffage aux rayons de lumiere qui fervent à éclairer les objets que l'on met fur le concave F.

Le diaphragme de laiton ou de plomb qui fe met entre la lentille & l'œil, doit avoir une ouverture proportionnée au foyer de cette lentille; & il faut qu'elle foit d'autant plus petite que la lentille aura moins de foyer.

Je mets auffi fouvent un femblable diaphragme O, au-deffous du concave F, & j'en proportionne l'ouverture aux experiences que j'en veux faire, & au plus ou moins de foyer de ce concave, & même à la tranfparence plus ou moins grande des objets placez au concave F, où on les attache differemment. Par exemple, fi vous y voulez mettre du fable, de menues graines, ou quelques poudres tranfparentes, vous les y ferez fuffifamment tenir, en humectant de votre haleine ce porte-objet.

Les aîles de mouches ou leurs pattes, les fourmis, les poux, les puces, les mittes de fromage, les plus petites plumes des oifeaux, les cheveux, &c. s'y arrêtent avec un peu d'eau gomée, ou quelque chofe d'équivalent, qu'on y applique en petite quantité, & aux endroits convenables.

On peut auffi enfermer des animaux vivans, comme des mittes avec leurs œufs, entre le concave F & un verre plan des deux côtez, qui foit de peu d'épaiffeur.

B iij

Le fang des animaux s'y met tout chaud , avec le plus petit bout d'une plume à écrire.

Les gouttes de l'eau des huiftres à l'écaille , & toutes les infufions qui contiennent des animaux affez gros pour y être vûs , s'y attachent pareillement d'elles-mêmes.

Les anguilles de vinaigre fe prennent & s'y mettent avec un petit tuyau de verre en forme d'antonnoir , de la grandeur & de la figure qui eft icy reprefentée ; ce qui fe pratique tres-facilement en cette forte. J'enfonce dans le vinaigre la partie MN de l'antonnoir, & après l'avoir pofée fur mon concave , j'y fais defcendre la petite goutte de vinaigre contenuë dans l'efpace MN , en boûchant la plus large ouverture avec le doigt, pour preffer l'air contenu depuis L jufqu'en M , après quoy on met ainfi ce vinaigre affez près de la lentille pour y voir les anguilles à loifir ; puifque cette goutte doit être affez groffe pour n'être évaporée qu'en une heure ou environ dans un tems temperé.

On peut, fi l'on veut, les y conferver durant fept ou huit jours en efté , & pendant quinze en hyver , en mettant fur le concave où elles font un petit verre plan des deux côtez , qui empêchera que ce peu de liqueur ne s'évapore entierement durant tout ce tems-là , & donnera lieu à un fpectacle des plus curieux , par les differentes chofes qu'on y verra , & dont nous devons parler dans la fuite de cet Ouvrage.

Pour faire auffi que ce Microfcope ferve à diftinguer les petits objets qui ne font pas tranfparens, & à les obferver comme on le fait avec les Microfcopes à deux ou à trois verres ; il n'y a qu'à faire une ou deux ouvertures quarrées à côté de la piece E , qui fert de corps au Microfcope , & mettre ces objets fur le concave, ou fur un autre porte-objet qui leur conviennent , tournant au jour l'une de ces ouvertures.

On peut tourner plufieurs pieces femblables à celle qui fe voit marquée par F , & garnir de differens petits corps choifis tous les portes-objets comme F qui doivent les foutenir , & être aifément fubftituez les uns aux autres, afin de faire voir plus promptement à une ou à plufieurs perfonnes ce qu'on y aura appliqué.

Ce n'eſt pas une neceſſité de multiplier les portes-objets, il ſuffira d'en avoir ſeulement deux, ſçavoir un pour y fixer le verre concave C, & l'autre marqué F, qui ait un petit rebord pour mettre dedans pluſieurs cartons ſur leſquels on aura arrêté divers objets, que l'on placera l'un après l'autre ſur la piece marquée F, afin de les y obſerver.

Le deſir que j'ay eu de ſatisfaire la curioſité de pluſieurs perſonnes de merite, & la neceſſité où je me ſuis trouvé de tranſporter dans des lieux éloignez quelques-unes des infuſions, dont je parle dans la ſeconde Partie de ce Traité, pour y faire voir dans la moindre goutte de chacune les divers animaux qu'elle contenoit, m'ont obligé de chercher une invention commode pour ſervir à ce tranſport.

En méditant là-deſſus il ſe preſenta pluſieurs moyens, dans chacun deſquels je trouvois des défauts conſiderables, qui ne me permettoient de m'en ſervir, que parce que de meilleurs me manquoient. Je deſirois toujours d'en trouver un, tel que le vaiſſeau où ſeroit la liqueur fut fort petit, & débouché même dans le tranſport, ſans pourtant que la liqueur qu'on y auroit miſe en pût ſortir d'elle-même, en quelque ſituation qu'il ſe trouvât; que ce vaiſſeau fût facile à préparer, & enfin ſi commode qu'avec peu d'adreſſe on pût facilement garnir de liqueurs les portes-objets des Microſcopes dont je me ſers.

Toutes les conditions de ce Problême me parûrent d'abord tres-difficiles à remplir; & je puis aſſurer qu'il n'y eût que la néceſſité où j'étois d'en venir à bout qui fut capable de m'obliger à pourſuivre mes recherches. Et enfin je m'aviſay d'une machine la plus ſimple & la plus aiſée de toutes celles qu'on pourroit fabriquer pour l'uſage auquel on la deſtine.

P Q, eſt le profil d'une petite phiole de verre à long col, faite par un Emailleur : elle a environ trois pouces de longueur, & la boule ſix lignes ou environ de diametre : l'ouverture de l'extrémité P eſt d'une bonne demie ligne, & cela ſuffit pour empêcher la liqueur d'en ſortir d'elle-même.

Maintenant pour faire entrer la liqueur dans une de ces

petites machines, qu'on peut regarder comme une efpece particuliere de Thermométre ; il faut fourrer en dedans un fil de laiton R S, plus menu que fon ouverture, après l'avoir moüillé dans toute fa longueur, en forte qu'y étant enfoncé, fon extrémité d'en-haut furpaffe de deux lignes l'ouverture qui eft en P, afin qu'ayant plongé le menu bout du petit antonnoir dans la liqueur dont on veut garnir le Thermométre, on porte enfuite fur l'extrémité R du fil ce même bout N par où la liqueur s'eft infinuée à la hauteur M N, de deux ou trois lignes, de maniere que ce fil de laiton y entre ; puis preffant du doigt l'ouverture fuperieure de l'antonnoir, l'on fera defcendre la liqueur dans le Thermométre P Q; ce qui fe réïtérera autant de fois qu'on le jugera à propos : & ce Thermométre ainfi préparé fe pourra tranfporter par tout.

Lorfque l'on voudra garnir d'une goutte le concave ou porte-objet du Microfcope, il n'y aura qu'à pofer le bout P du Thermométre dans ce concave, & envelopper fa boule avec les doigts, afin qu'en échauffant & rarefiant quelque peu l'air qu'elle contient, il en puiffe faire fortir un peu de liqueur. Et il faut remarquer que quand on aura mis du vinaigre, par exemple dans l'un de ces Thermométres, il n'y faudra pas mettre d'autre liqueur, parce que la feule vapeur du vinaigre feroit mourir fubitement les petits infectes de cette liqueur.

Enfin fi l'on veut que ces petits Thermométres fervent plufieurs fois, il faudra en faire fortir la liqueur qui y fera reftée après s'en être fervi durant quelque tems ; parce que venant à s'épaiffir par l'évaporation, ce qui reftera ne manqueroit pas de faire une craffe affez épaiffe pour rendre cette petite machine incapable de fervir une autre fois.

CHAP.

CHAPITRE V.

Construction d'un cinquiéme Microscope à liqueurs, par le moyen duquel on pourra employer des lentilles soufflées, & de celles qui ne le sont point, depuis les plus petits foyers jusqu'aux plus grands.

CE Microscope, qui se voit représenté tout entier en A, y est vû à peu près de la grandeur que nous l'avons construit ; il est à la verité un peu plus composé que le précedent ; mais il a en récompense de plus grands usages, comme il sera facile de le comprendre par l'explication que nous en allons donner. *Planche* 1.

La premiere piece de cet instrument contient deux vis, dont les pas sont égaux : elles sont faites sur des cilindres de differens diametres, comme on le peut voir dans le profil marqué I.

Cette piece, qui est creusée interieurement dans toute sa hauteur, a deux diaphragmes, l'un en B & l'autre en C, afin de ne laisser passer que les rayons de lumiere qui la traverseront directement par le milieu de C en B.

La seconde piece marquée 2 est cilindrique & creuse dans toute sa hauteur, qui n'est pas considerable ; puisque trois lignes au plus suffisent pour y faire un écrou d'un pas de vis semblable & égal à celuy de la plus petite vis de la premiere piece sur laquelle cet écrou doit être monté.

E, représente le profil d'un verre concave d'un côté, & plat d'un autre ; si mince à l'endroit creusé, qu'il n'y ait pas plus d'épaisseur de verre, que la lentille la plus convexe dont on se servira aura de foyer.

On attache ce verre concave, ou une feüille de talc bien transparente, avec un peu d'eau gomée, en sorte que le côté plat du verre concave soit exterieur ; ainsi qu'on l'a representé en E : il est à propos d'avoir au moins deux pieces semblables & égales à cette seconde, l'une qui porte un mor-

C

ceau de talc , & l'autre un verre plan concave , pour fervir à diverfes experiences.

3 , eft une autre piece cilindrique creufe , & affez haute pour faire qu'étant montée à vis , au moyen d'un écrou qu'on y aura formé , fa bafe L L puiffe defcendre jufqu'au dernier pas qui eft fous m m , diametre de la plus groffe vis faite fur la premiere piece , aprés avoir monté la feconde fur la plus petite vis qui eft au haut de cette premiere piece ; de forte qu'elle fert comme de furtout aux pieces précedentes 1. & 2.

On pratique au haut de cette piece un rebord tres-mince & fort ouvert dans fon milieu, comme on peut voir en G G; afin que ce peu d'épaiffeur n'empêche pas d'approcher affez la lentille des objets que l'on voudra obferver.

La quatriéme piece eft un porte-lentille qui a peu d'épaiffeur ; il eft percé d'un trou rond d'une grandeur convenable à la lentille , & aux pieces qui luy fervent de monture.

Quand les lentilles font d'un long foyer , par exemple de deux à trois lignes , on les y monte à peu prés comme nous l'avons dit dans l'explication du Microfcope précedent ; & lorfqu'elles font d'un tres-court foyer , il les faut arrêter entre deux petites platines de laiton gratté tres-mince , ou entre deux platines de plomb qui foient de peu d'épaiffeur , & qui fe colent l'une contre l'autre vers les bords en dedans avec un peu d'eau gomée , ou plutôt avec de la cole dont les Menuifiers fe fervent.

Cette monture fe doit enchâffer dans une petite piece d'ébene tournée proprement, qui foit d'un diametre un peu plus grand que celuy de la troifiéme piece , ainfi qu'on la voit reprefentée en la quatriéme Figure , où 1 , 1 marquent les extrémitez de tout le diametre de cette piece qu'on applique à l'œil, & dont le milieu H eft l'endroit où la lentille eft placée.

Tout cela fuppofé , nous pafferons à l'explication des ufages de ce Microfcope. Si l'on veut premierement examiner les anguilles du vinaigre , il faudra prendre tres-peu de cette liqueur avec la petite machine de verre faite en forme d'antonnoir , dont on a déja parlé , & faire defcendre cette goutte dans la concavité du porte-objet de verre attaché à la piece 2, puis monter cette piece sur la plus petite vis de la premiere ; enfuite on mettra le surtout par-deflus, & au haut de celle-cy le porte-lentille marqué 4, que l'on promenera fur G G, avec les deux premiers doigts d'une main, tenant en même tems avec les deux doigts de l'autre l'extrémité D D de la premiere piece, qu'on tournera d'un côté ou d'un autre, afin de mettre les objets qui auront été pofez dans le concave, au point de diftinction où ils doivent être arrêtez pour y être apperçûs comme il faut ; à l'occafion dequoy il eft neceffaire d'avertir, qu'on ne voit bien exactement ces animaux, que lorfque toute la goutte de vinaigre eft prefque entierement évaporée, particulierement fi l'on fe fert d'une lentille d'un tres-court foyer, à caufe de l'extrême vîteffe avec laquelle ils y nagent au commencement que la liqueur eft trop fluide.

En fecond lieu, fi l'on veut examiner les animaux des autres liqueurs, il vaut mieux fubftituer au verre concave la piece où eft la feüille de talc, à caufe de la difficulté qu'il y a à creufer le verre comme il le doit être, pour bien faire ces fortes d'obfervations avec les plus petites lentilles.

D'ailleurs, comme il faut moins de liqueurs pour découvrir ces derniers animaux, que pour les premiers, l'évaporation s'en fera plutôt, & l'on ne tardera pas à appercevoir ce qu'il y a de plus confiderable dans cette petite portion de liqueur appliquée fur ce talc.

Ce Microfcope a cet avantage par-deffus les autres, qu'on peut en un inftant connoître exactement tous les foyers de differentes lentilles qu'on y applique l'une aprés l'autre ; & quoy qu'on ne l'ait imaginé que pour les obfervations des liqueurs, il peut auffi fervir à examiner tous les petits corps tranfparens ; & parce qu'on peut mouvoir aifément la lentille pendant l'obfervation, on a le plaifir de fuivre un animal dans fon allure, durant tout le temps qu'il parcourt l'étenduë de la goutte de liqueur qu'on a mife fur le porte-objet du Microfcope.

Si l'on veut fe fervir de ce Microfcope pour examiner les cheveux, les aîles de mouches, les grains de fable, les mittes, &c. il faudra faire plufieurs pieces femblables à la deuxiéme, garnie chacune d'une petite feüille de talc bien tranfparente qui tienne en E, & attacher auffi de même ce qu'on veut voir, y employant les lentilles qui conviennent le mieux à chacun des objets qu'on y aura attachez.

L'on fçaura au refte qu'il y a des objets qu'il faut examiner à la lumiere d'une chandelle, plutôt qu'à celle du jour pour les bien appercevoir.

Que la feconde piece de ce Microfcope doit avoir une ouverture affez fpacieufe pour pouvoir facilement ôter la faleté que laiffent les liqueurs qu'on y avoit mifes en experience, tant fur le verre que fur le talc, ce qui s'execute en moüillant d'un peu de falive un petit linge dont on couvre le doigt pour détremper & effuyer ces endroits, qui doivent être tres-nets avant que d'y remettre de nouvelle liqueur.

Et qu'enfin la plûpart des pieces de ce Microfcope peuvent être conftruites d'argent ou de laiton, d'ébene, &c.

Pour peu que l'on faffe de réflexion fur tout ce que nous avons dit de la conftruction & des nfages des Microfcopes, l'on jugera de la neceffité qu'il y a d'en avoir de plus d'une forte, fi l'on defire de fatisfaire pleinement fa curiofité là-deffus.

CHAPITRE VI.

Defcription d'un fixiéme Microfcope à liqueurs, d'une conf-truction fort finguliere, pour mettre en ufage les lentilles d'un tres-petit foyer.

L E deffein A P O, reprefente ce Microfcope tout entier.

B, eft une petite platine d'argent ou de laiton de peu d'épaiffeur, au milieu de laquelle eft un trou rond d'environ quatre lignes de diametre.

Planche 9. On voit au haut de cette platine une petite entaille d'une ligne en quarré, pour loger un tenon dont on va parler. Au milieu du bas de cette platine on y voit une reserve longue d'environ une ligne ou deux, & d'un peu moins de hauteur, pour servir en partie à fixer cette platine sur celle dont je vais parler.

C, D, sont deux diaphragmes de plomb.

E, est une seconde platine un peu plus grande que la précedente, & de même matiere, au milieu de laquelle on a fait une ouverture ronde égale à celle qui a été faite au milieu de la premiere; & au-delà de sa circonference on y a pratiqué un petit rebord creusé dans l'épaisseur de cette platine E, pour y poser les diaphragmes C, D, comme on pose un tableau dans sa bordure.

On voit au sommet de cette même platine, & immediatement sous la lettre E, un petit tenon qu'on peut hausser & baisser, ou le tourner, si on le fait autrement, pour servir à arrêter le haut de la premiere platine B.

Il y a encore au bas de la platine E un petit trou quarré plus long que large, où l'on fait entrer la petite piece recourbée qui a été reservée à l'extrémité inferieure de la premiere platine B; ainsi on arrête fermement les deux diaphragmes C, D, & la lentille du Microscope que l'on place adroitement entre ces deux platines.

Cette seconde platine E, dont on voit l'épaisseur dans son profil au-dessous de G, est soudée à angles droits sur l'extrémité d'un petit canon F, qui doit couler librement & avec justesse dans un autre canon plus court marqué P.

Le canon F est ouvert par-dessous dans toute sa longueur, afin que la vis attachée à la rouë H puisse appuyer sur la fourchette I, qui fait ressort, & tourner en avançant & en reculant, pendant que l'on approche de l'œil, ou qu'on en éloigne la lentille du Microscope.

H, est une rouë au centre de laquelle on a rivé une vis d'environ un pouce de longueur, qui sert à faire mouvoir la platine E, que l'on peut nommer porte-lentille.

I, I, est une piece de laiton ou d'argent, vûë de front à droit, afin que l'on en puisse découvrir la largeur; & de côté à gauche, pour en faire voir l'épaisseur.

Cette piece eſt courbée en équerres , & au-deſſus de ſa courbure on a fait un écrou dans un trou rond , dont on a retranché la partie ſuperieure , pour former du reſte une eſpece de fourchette qui ſe voit à l'endroit marqué I , dont on va parler.

Cette petite fourchette s'introduit par - deſſous la vis R , qui en eſt pouſſée de bas en haut , à cauſe du point d'appuy qu'elle a ſur le haut de la virole du manche O ; ainſi cette fourchette fait l'office d'un reſſort attaché par ſon extrémité d'en-bas , au moyen d'une petite vis qui entre dans la virole de ce manche , à l'endroit marqué N.

Le deſſein L , qui eſt à gauche , eſt la repreſentation d'un porte-objet vû par derriere ; & celuy qui eſt du côté droit le repreſente vû par devant.

On voit bien par ces deux figures que le verre concave où l'on met la liqueur que l'on veut obſerver , entre à couliſſe dans une piece de laiton ou d'argent de peu d'épaiſſeur, dont la conſtruction en découvre aſſez la méchanique , pour qu'on puiſſe ſe paſſer d'une explication plus étenduë que ce que j'en viens de dire , pour en donner l'intelligence.

Ce porte-objet ſe place au-devant d'une troiſiéme petite platine , au milieu de laquelle (comme au milieu des prece- dentes) il y a un trou rond.

Cette petite platine eſt ſoudée ſur l'extrémité exterieure du gros canon qui ſe voit immediatement au-deſſous de la lettre A , par le moyen d'une ouverture qu'on a faite à cette platine , & de deux eſpeces d'oreilles qui font reſſort , com- me on le peut facilement juger , en jettant pour un moment les yeux ſur les endroits marquez Q , Q , dans le deſſein qui repreſente le porte-objet L.

On voit en M un d'aphragme façonné au tour , qui ſe met au bout exterieur du gros canon A de ce Microſcope. Il eſt bon d'en avoir de pluſieurs ouvertures , parce qu'une ſeule ne ſuffit pas toujours pour qu'on puiſſe bien diſtinguer les animaux de diverſes groſſeurs & de diverſes tranſparences.

O , eſt la repreſentation du manche qui ſert à tenir le Mi- croſcope d'une main , pendant que l'on obſerve les liqueurs qui ſe mettent l'une aprés l'autre ſur le porte-objet ou coneave de verre reprefenté en L, qui s'approche de l'œil, ou qui s'en éloigne en tournant d'un côté ou d'un autre, avec le fecond doigt de la même main qui tient le manche du Microfcope, la petite roüe marquée H.

Enfin il n'eft pas difficile de comprendre, que ce Microf-cope a encore l'avantage de faire partir le porte-lentille dés le moment que l'on commence à tourner cette roüe H, à caufe que le levier I, pouffant continuellement la vis R de bas en haut, elle l'empêche d'avoir d'autre jeu que celuy dont elle a befoin pour faire le bon effet que les habiles gens defirent icy.

CHAPITRE VII.

Defcription & ufage d'un nouveau Microfcope à tiges, tres-commode pour obferver toutes fortes de petits objets, foit de jour ou de nuit, à la lumiere d'une chandelle.

CEtte petite machine eft faite de trois ou quatre gros fils de laiton ou d'argent tirez à la filiere, ayant cha-cun environ trois pouces & demi de longueur, & un peu plus d'une ligne de diametre ; de deux doubles équerres ; de deux petits refforts ; de plufieurs lentilles de differens foyers, & de quelques autres pieces dont je vais parler. Planche 10.

On voit ce Microfcope placé debout fur un petit pied au milieu de cette planche, & environné des pieces qui doi-vent l'affortir.

La premiere tige E, E, eft refenduë pour former une pincette, fi commode que chacun s'en peut fervir ; car en preffant les deux petits boutons qui font rivez aux branches de la petite pincette, elle s'ouvre facilement, & lorfque l'on ceffe de les preffer, elle fe ferme d'elle-même.

La feconde tige B G eft recourbée en équerre, afin qu'elle puiffe porter d'une façon convenable les pieces que nous avons nommées portes-lentilles, & les approcher ou éloigner des objets que l'on veut obferver.

La troifiéme tige H H porte une pointe d'éguille à l'une de fes extrémitez, pour fervir aux divers ufages dont je parleray ci-aprés.

Chacune des doubles équerres, que l'on voit en D C D, eft percée en trois endroits ; fçavoir, d'un trou bien rond à chacune de fes extrémitez, & d'un autre trou auffi tres-rond dans le milieu.

Ces équerres font adoffées l'une fur l'autre, & attachées enfemble par le moyen d'un clou rond, fi bien rivé par fes extrémitez, qu'on les puiffent tourner autour de ce même clou, comme on tourne les deux jambes d'un compas autour de celuy qui les lie enfemble.

Les deux petits refforts courbez en façon d'un arc, font deux pieces minces de laiton ou d'argent battuës à froid, de la longueur de l'efpace interieur compris entre chaque double équerre.

Ces refforts ainfi courbez doivent être un peu creufez en rond & en long fur leurs extrémitez pour recevoir une partie des tiges, les engager en quelque façon, & les empêcher de couler trop librement dans les yeux des équerres.

Enfin l'on paffe deux tiges, par les yeux de chacune de ces équerres, après avoir placé entr'eux les refforts qui doivent pouffer ces tiges, & compofer ainfi ce qu'on peut appeller le corps du Microfcope.

Il faut maintenant parler des autres pieces qui entrent dans la compofition de cette petite machine ; pour cet effet, nous dirons premierement que la lentille eft un petit morceau de glace bien choifie, taillée de façon qu'elle devienne tranchante par fes bords, afin que l'axe commun à fes deux convexitez foit perpendiculaire aux furfaces convexes de cette lentille.

Le porte-lentille eft une piece d'ébene, au milieu de laquelle on a pratiqué un trou rond, que je nomme l'orbite de la lentille, parce qu'il la reçoit & qu'il fert à l'enchâffer ; de même que la partie de notre crâne, nommée de ce nom, fert à enchâffer l'œil qui contient le criftalin, figuré de même que la lentille dont nous parlons, & qui a de femblables proprietez.

Le

Le petit trou qui est au milieu d'un diaphragme de plomb,
ou d'une autre matiere convenable, qui se place sur la lentille, & dont la petite ouverture doit être tournée du côté
de l'œil, represente la prunelle, parce qu'elle en fait icy
l'office.

Le trou qui est fait dans l'épaisseur du bord du porte-
lentille, sert à mettre le bout G recourbé de la tige B G.

Le porte-objet simple, representé en I, est une piece d'é-
bene noire d'un côté, & blanche de l'autre, à peu prés semblable à une dame à joüer, ayant autour de sa circonference
une petite élevation en forme de parapet, pour empêcher
que le sable, ou quelque petite graine qu'on y aura mise, ne
tombe de dessus.

Cette espece de dame est percée dans le milieu de son
épaisseur; & le trou rond qu'on y a fait est rempli d'une petite cheville de liege, pour y enfoncer la pointe d'une
grosse aiguille que l'on voit representée au bout de la tige
H H.

Le porte-objet M N O, qui doit servir à l'examen des
animaux qui se trouvent dans les liqueurs, est un petit
tuyau cilindrique d'un pouce ou environ de longueur, &
de huit à neuf lignes de diametre, garni comme on le va
dire.

L'une des extrémitez de ce tuyau, & la plus éloignée de
l'œil, est bouchée d'une piece de bois dur, au milieu de laquelle on a fait un petit trou rond d'environ une ligne de
diametre, pour servir de diaphragme.

On ferme aussi l'ouverture M, de ce même tuyau cilindrique, d'une seconde piece de bois tournée, & tellement
construite, que l'on puisse enchâsser dans son milieu un petit
verre concave d'un seul côté seulement, dans le milieu duquel on met les liqueurs que l'on veut observer.

Il y a un petit trou fait au-dessus de la superficie cilindrique de ce tuyau, tellement accommodé à la grosseur de la
pointe d'aiguille qui est enchâssé en H, qu'il puisse être arrêté fermement sur cette pointe, afin de servir aux divers
usages pour lesquels on destine ces pieces.

La Figure P represente un diaphragme qui doit être placé

D

fur les lentilles d'un long foyer , qui s'enchâffent dans des
portes-lentilles femblables à celuy qui eft marqué par F ; &
on l'y fixe au moyen d'une petite virole à reffort , marquée
par la lettre Q.

Le deffein reprefenté en R eft un petit carton à jour ,
dans l'épaiffeur duquel on a placé l'aîle d'une mouche , pour
faire comprendre comment on peut arrêter certains objets ,
afin qu'on les puiffe facilement obferver étant placez dans la
pincette.

S , eft un petit tuyau de verre fait en forme d'antonnoir ,
pour fervir comme on l'a déja dit.

Et T , eft une petite bouteille à long col , de l'ufage de
laquelle on a auffi parlé.

Des ufages de ce Microfcope.

CE Microfcope , quoyque tres-fimple , ne laiffe pas d'avoir beaucoup d'ufages. Il peut fervir à obferver des
animaux tres-petits , qui marchent ou qui rampent fur la
terre ; & même ceux qui volent dans l'air , ou enfin qui nagent dans des liqueurs préparées , & dans celles qui n'ont
aucune préparation. Il fert auffi pour obferver de tres-petits
corps , dans lefquels on ne remarque aucun mouvement apparent , quoyque toutes leurs parties foient dans une agitation continuelle.

Si l'on bat le fufil fur une feüille de papier blanc , & qu'on
ramaffe une partie de ce qui fera tombé avec une lame de
coûteau aimantée , en obfervant ces petites particules mifes
fur un porte-objet blanc , on aura le plaifir d'y voir de petites boules d'acier tout pur , pendant que l'on en découvrira
qui font moitié acier & moitié verre ; & enfin d'autres qui
feront de verre toutes pures. Et fi l'on fe donne la peine
d'examiner le papier , les endroits où font tombées les boules paroîtront noirs & brûlez. Je ne m'arrête pas icy à rendre raifon de ces effets , parce qu'il eft facile de les expliquer.

L'aîle d'une mouche ordinaire nous manifefte des chofes
digne d'admiration. Si on l'obferve exactement , on verra

que ſes bords ſont garnis de deux ſortes de poils roides &
aigus, artiſtement rangez, & eſpacez également. Qu'elle a
des veines & des arteres, & par conſequent qu'il s'y fait une
circulation de la liqueur qui les remplit. Que le tiſſu fin &
délié de la membrane qui ſe trouve entre ces veines & ces
arteres, eſt parſemé d'un grand nombre d'autres poils plus
petits que ceux qui environnent l'aîle de la mouche ; & qu'ils
ſont plantez obliquement dans l'étenduë de cette membrane
d'une maniere tres-ſinguliere.

La moindre petite plume d'un oiſeau, comme par exemple celle d'un ſerin de Canarie, étant obſervée avec ce Microſcope monté d'une lentille d'environ deux lignes de foyer,
nous fait voir que ſa compoſition eſt telle, que chaque petit
brin de ſa barbe eſt une plume toute entiere, qui a ſon tuyau
& ſes brins ſemblables à ceux de la groſſe plume ; & ainſi de
ſuite.

Le tiſſu d'un morceau de toile, celuy des rubans de diverſes couleurs, & des taffetas changeans, étant bien obſervez,
il nous fera comprendre en un moment ce qui ſeroit devenu
peut-être le ſujet d'une meditation de pluſieurs années, ſi
nous n'euſſions employez que nos ſeuls yeux, pour regarder
toutes ces choſes.

Pour obſerver le poux & la puce tout vivans, durant pluſieurs jours de ſuite, il les faut pincer par la croupe avec la
pincette à boutons ; par ce moyen on aura le plaiſir d'obſerver toutes les parties exterieures du corps de chacun de ces
animaux domeſtiques, que l'on voit quelquefois inquietez
par d'autres animaux qui parcourent leurs corps, & qu'on
peut nommer le poux du poux, & la puce de la puce ; tant
par le rapport de groſſeur des uns à celle des autres, que par
la figure des petits, & celle des gros.

Les mittes de fromage & leurs œufs, les poux des ſerins
de Canarie, les mittes des poires & celles des pommes un
peu vieilles, s'attachent ſur un porte-objet noir avec un peu
d'eau gomée, ou avec la pointe d'une aiguille moüillée de
cette même eau, afin de les y voir tout vivans durant pluſieurs jours de ſuite.

Les mouches un peu groſſes, & pluſieurs autres animaux,

s'empalent au moyen de la pointe d'aiguille qui eſt au bout de l'une des tiges de ce Microſcope ; & par ce moyen l'on pourra tres-facilement en examiner toutes les parties exterieures, & découvrir par-là l'erreur des Anciens, & de quelques Philoſophes modernes, qui ſe perſuadent que les mouches ne ſe tiennent ſuſpenduës contre les corps ſur leſquels elles marchent, qu'à cauſe qu'il ſort continuellement de leurs pattes une eſpece d'humeur gluante qui les y attache.

Pour obſerver les anguilles du vinaigre, il faut ſe ſervir du petit antonnoir marqué S, afin d'en prendre un peu pour le porter dans le concave de verre qui eſt au bout du canon cilindrique, qui ſe monte ſur la tige qui porte une pointe, pour y être obſervé.

Et à l'égard des autres liqueurs, on les placera l'une après l'autre dans ce concave de verre, en prenant la précaution de le rendre net à chaque experience que l'on voudra faire.

CHAPITRE VIII.

Deſcription & uſage des Microſcopes à Canon de verre ; que quelques perſonnes nomment Tombeaux : & d'autres, Cimetiere de divers animaux.

CEs Microſcopes, qui ſont au nombre de trois, & qui ne different entr'eux que dans la façon de les monter, ſont tres-commodes & tres-utils pour obſerver une partie de ce qui ſe paſſe tant dans les animaux vivans, que dans ceux qui ſont morts, depuis la groſſeur d'une puce juſqu'à celle d'un haneton.

Planche 11.

Le plus ſimple eſt compoſé de ſix pieces, ſçavoir d'un pied ou baſe, d'un canon de verre, d'un couronnement, de la piece de l'œil ou porte-lentille, d'une lentille de verre, d'une vis ou d'une petite virole pour arrêter cette lentille.

A B C D E, eſt le deſſein de ce Microſcope entier.

Figure 1.

A, eſt l'endroit où s'applique l'œil, pour voir les objets que l'on a mis dans ce Microſcope.

B B, reprefente la piece de l'œil, ou le porte-lentille qui fe monte à vis dans le couronnement C C, au moyen d'un écrou qu'on y a fait pour la recevoir.

D, eft la reprefentation du canon de verre qui eft collé ou enchâffé par fes extrémitez dans la partie fuperieure de la bafe E E de ce Microfcope, & dans l'inferieure du couronnement C C.

G, eft la lentille d'un foyer convenable à la hauteur du Figure 1. canon D ; elle s'enchâffe dans une cavité pratiquée dans la piece de l'œil B, où on l'y arrête le plus fermement qu'il eft poffible par le moyen d'une virole H, au défaut de laquelle on peut employer une vis, qui fera même plus commode à monter & démonter la lentille, lorfqu'il fera neceffaire de la nettoyer.

F, eft le plan de la piece A B B, vûë par-deffus.

Et G, reprefente la lentille.

Defcription du fecond Microfcope à Canon.

C E fecond Microfcope, qui eft monté d'une maniere Planche xi. tres-fimple, eft compofé de fept pieces, fçavoir d'une Figure 2. bafe, d'un canon de verre, d'un couronnement, de la piece de l'œil, d'une lentille, d'une virole, & d'une boëte qui luy fert de pied.

A B C D E, eft le deffein du Microfcope tout entier, environné des pieces qui le compofent.

E E, eft la bafe de ce Microfcope, ornée au milieu de quelques moulures, au-deffus & au-deffous defquelles on a reprefenté deux vis pour y monter l'étuy F, qui fe voit à gauche du Microfcope, & dont F qui eft à fa droite en eft le profil, pour en faire voir le dedans.

D, reprefente le canon de verre, enchâffé & collé par fes extrémitez dans les cavitez pratiquées au-deffus de la bafe E E, & au-deffous du couronnement C C ; & au haut de ce couronnement on y a fait un écrou pour recevoir la piece de l'œil marquée B B, qui porte la lentille.

I B B, eft le plan fuperieur de la piece de l'œil vûë par

deſſus, dont le milieu H eſt occupé par la lentille, que l'on voit ſeule du côté droit ; & G eſt la virole qui arrête cette lentille ; parce qu'elle eſt propre à faire reſſort.

La piece F, qui eſt à gauche du Microſcope, eſt ſa boëte, qui luy ſert auſſi de baſe, pour le tenir plus facilement.

Le deſſein auſſi marqué F, qui ſe voit du côté droit du Microſcope, eſt le profil de cette même boëte, pour en faire voir le dedans & ſon épaiſſeur.

Le troiſiéme Microſcope à canon eſt conſtruit comme le ſecond, à la reſerve ſeulement qu'il paſſe une baſe viſſée au travers de la piece E E, dans laquelle on a fait un écrou ; & c'eſt ſur le deſſus de cette piece viſſée que ſe poſent les objets pour y être examinez, en hauſſant ou en baiſſant la vis qui les ſoutient.

CHAPITRE IX.

Des uſages que l'on peut tirer des Microſcopes dont je viens de parler.

APrès avoir expliqué les diverſes manieres de monter les Microſcopes à canon de verre, il faut dire quelque choſe des principaux uſages que l'on en peut tirer ; & quoyque ces Microſcopes ne puiſſent point ſervir à voir les animaux des liqueurs, on ne les doit pas negliger pour cela. Ce que je vais dire de leurs proprietez, ſervira à perſuader de la neceſſité qu'il y a de s'en ſervir.

Pour obſerver les petites graines des plantes, & pour en découvrir facilement toutes les beautez, il les faut répandre chacune à part ſur des petits portes-objets blancs & noirs, où vous aurez mis un peu d'eau gomée pour les y attacher proprement ; afin de mettre après cela ces portes-objets l'un après l'autre ſur le fond du troiſiéme Microſcope ; car il eſt tres-commode pour faire l'examen de ces graines, & d'autres petits corps ſemblables en groſſeur que l'on veut conſerver long-tems.

Les poux des ſerins de Canarie, ceux des poules, les mittes de fromage & leurs œufs, les petits inſectes vivans, qui
ſont à peu près de cette groſſeur, peuvent ſervir à former
des groupes dans des Tableaux couverts de ces petits animaux vivans; ſur chacun deſquels on pourra appercevoir des
choſes ſurprenantes, tant dans la groſſeur apparente, dans
les couleurs, figures & mouvemens des parties de ces petites creatures, que dans l'inégalité de la durée de leur vie.

On mépriſe ordinairement ces inſectes, & d'autres petits
animaux, que les hommes diſent devoir leur naiſſance à une
matiere corrompuë; mais il eſt facile de montrer que ce mé-
pris eſt injuſte, & qu'il n'eſt fondé que ſur l'ignorance de la
choſe qu'on mépriſe, & ſur le préjugé, qui fait que l'on s'i-
magine voir les corps tels qu'ils ſont en eux-mêmes. Il n'y a
rien de mépriſable dans la nature, & tous les ouvrages de
Dieu ſont dignes qu'on les reſpecte & qu'on les admire;
principalement ſi l'on prend garde à la ſimplicité des voyes
par leſquelles Dieu les a faits & les conſerve. Les plus petits
moucherons ſont auſſi parfaits que les animaux les plus énor-
mes : les proportions de leurs membres ſont auſſi juſtes que
celles des autres; & il ſemble même que Dieu ait voulu leur
donner plus d'ornemens qu'il n'en a donné aux plus gros,
afin de récompenſer par-là la petiteſſe de leur corps.

Ils ont des couronnes, des aigrettes, & d'autres ajuſte-
mens ſur leurs têtes qui effacent tout ce que le luxe des fem-
mes peut inventer : & l'on peut dire que tous ceux qui ne ſe
ſont encore ſervis que de leurs yeux, n'ont jamais rien vû de
ſi beau, de ſi juſte, ni même de ſi magnifique dans les Palais des plus grands Princes, que ce qu'on voit avec le Microſcope ſur la tête & ſur le corps d'une ſimple mouche.

Il eſt vray que ces choſes ſont tres-petites, mais elles en
ſont plus ſurprenantes, puiſqu'il ſe trouve tant de beautez
ramaſſées dans un ſi petit ſujet; & quoyqu'elles ſoient communes, elles n'en ſont pas moins eſtimables.

Si l'on enferme dans ce Microſcope à canon de certaines
chenilles, & qu'on les y examine durant quelque tems & à
diverſes repriſes, on les apperçoit toutes veluës, & couver-
tes de longs poils brillans, de couleurs variées & diſperſées

avec tant d'art, que ce qui nous effrayoit d'abord , se trouve enfuite un fujet d'admiration ; car au bout d'environ cinq ou fix femaines on les voit quitter un charmant furtout , qui conferve tres-long-tems la beauté des couleurs qu'on y avoit vûës , pour fe faire voir fous la forme de plufieurs coques à peu prés femblables à celles des vers à foye , fans qu'on puiffe remarquer en ces coques aucun mouvement apparent : mais au bout de quelque tems notre étonnement femble devoir fe redoubler , en voyant fortir de ces nouvelles prifons, qui paroiffoient bien fermées , des papillons bien aîlez & tout vivans.

Cette métamorphofe apparente , quoyque belle , ne contient pas tant de faits furprenans , que nous en avons remarquez durant près d'un an , à l'occafion d'un petit infecte dont je vais parler.

Le dixiéme Juin de l'année 1692. je trouvay à terre dans mon cabinet un petit ver , dont les diverfes formes fous lefquelles je le vis dans un Microfcope à canon de verre , meritent bien que j'en faffe une defcription particuliere , pour donner lieu à l'explication de tout ce que nous en dirons de fingulier.

Ce petit ver me parut d'abord de couleur brune , tirant fur celle d'un caffé qui n'eft pas encore affez torrefié. Son corps , qui avoit fix lignes de longueur & une & demie de diametre , étoit prefque rond dans toute cette dimenfion.

Il paroiffoit compofé de onze anneaux , fans y comprendre la tête , ornée d'une efpece de cocluchon arondi par le bas.

Le dernier des anneaux qui terminoit fon corps , finiffoit par deux aiguillons courts & obtus , qui reprefentoient une queuë fourchuë.

Tous ces anneaux beaux & luifans étoient attachez à une membrane tres-fine & blanchâtre , que fes contractions & fes extentions alternatives pouvoient approcher & écarter les uns des autres , en rendant cet animal tantôt plus court & plus gros , tantôt plus long & plus menu.

On remarquoit trois petites pattes de chaque côté de fon corps , & une feule griffe au bout de chacune , laquelle étoit

d'une

d'une couleur d'ambre bien foncée ; celles des deux pattes les plus proches de sa tête , luy servoient comme de main pour prendre sa nourriture , & pour la porter à sa bouche.

Sa tête étoit ornée de deux yeux bien noirs , placez des deux côtez , au-devant desquels étoient plantées deux petites cornes , composées de plusieurs articles.

Les premiers jours que je consideray ce petit animal , il étoit d'une vivacité merveilleuse , faisant des sauts qui marquoient beaucoup de force & de souplesse dans le sujet qui les executoit.

Depuis le dix Juillet jusqu'au deuxiéme de Septembre , cet insecte en produisit dix autres tres-menus qui luy ressembloient tous , & qui dés le premier moment de leur naissance marchoient d'une vîtesse surprenante. J'en garday un en vie durant dix jours sans luy donner aucune nourriture ; ce qui ne paroîtra pas trop extraordinaire , lorsqu'on sçaura que sa mere , pendant une année ou environ , n'en consuma pas plus que de la grosseur d'environ un pois.

Cet insecte aprés avoir fait ses petits , quitta entierement sa peau durant vingt-quatre heures , aprés quoy il parut d'une blancheur vive & plus gros qu'auparavant , marquant même plus de force & de mouvement , qu'il n'en avoit montré depuis plusieurs jours.

On peut dire que cette peau luy tenoit lieu de surtout pour envelopper toutes les parties exterieures de son corps ; puisqu'on remarquoit dans ce surtout jusqu'au moule des yeux , des jambes & des griffes de cet animal.

J'employai assez de tems à considerer cet ancien fourreau , sans pouvoir deviner comment l'insecte avoit pû faire pour s'en dépoüiller ; parce que ce vêtement étant tout d'une piece , & tres-intimement appliqué sur son corps , je ne comprenois pas comment cette nymphe si irréguliere , si fine & si délicate avoit pû être tirée sans se rompre. Mais peu de tems aprés je revins de mon étonnement , & je cessai d'admirer cette méchanique , en découvrant sa simplicité ; car cette membrane venant à se seicher , les fibres qui la composoient se resserrant laisserent voir tout l'artifice , qui consistoit en une fente étenduë depuis le bec de l'animal jusqu'à

E

l'anus ; laquelle, à mesure que le ver en sortoit, se refermoit
en rapprochant par le ressort de la pellicule , ses bords l'un
de l'autre , qui se joignoient si justement qu'il n'étoit pas
possible d'y appercevoir aucune separation.

Dès le soir même du jour que ce ver eût quitté son surtout, sa couleur me parut changée ; car de blanc qu'il étoit,
en deux jours il redevint aussi brun qu'il avoit été ; & je luy
vis passer tout l'hyver en cet état. Il fut assez en repos durant
tout ce tems-là, ne remuant qu'insensiblement , ne mangeant
point , ni ne rendant aucun excrement visible : mais étant
survenu quelques beaux jours de Soleil , & l'y ayant exposé ,
il commença à s'y mouvoir un peu plus qu'il ne faisoit auparavant, & même il mangea quelque peu d'un carton qui servoit de base ou de fond au Microscope dans lequel je le con-
servois.

Sur la fin du mois d'Avril je ne luy remarquai, pendant
neuf jours qu'il demeura couché sur le dos , aucun signe de
vie , aprés lequel tems je fus surpris de voir qu'il travailloit
fortement à quitter un second surtout, qu'il poussoit tout le
long de son corps, de la tête vers la queuë , où il en resta
jusqu'au sixiéme Juin, durant lequel tems je le crus mort :
cependant le même jour au soir je m'apperçûs qu'il avoit entierement quitté cette derniere peau , & qu'il paroissoit sous
une forme nouvelle, qui ne differoit pas moins de la précedente, qu'un ver differe d'une mouche. En effet , le sixiéme
Juin à sept heures du matin il s'étoit métamorphosé en une
mouche tres-singuliere , ayant environ cinq lignes de longueur, & une ligne un quart de largeur par le milieu de son
corps.

En observant cette mouche, je remarquai qu'entre la tête
& son corps il y avoit une autre partie en forme d'anneau
mobile ; que la couleur étoit differente en divers endroits du
corps ; le dessus de la tête , & cette partie en forme d'anneau , étant d'un rouge brun , & le reste ayant une blancheur
tirant sur le roux ; mais cette couleur blanchâtre se dissipa
en peu de tems ; car deux heures aprés le tout parut d'un
rouge brun.

À la place des onze anneaux qui se distinguoient dans la

longueur du ver , on voyoit alors tout fon corps long de huit lignes, couvert de deux aîles fermes & dures.

Au lieu de fix pattes courtes dont j'ay parlé , on en voyoit fix autres , chacune defquelles avoit pour le moins quatre fois la longueur des premieres , & étoit compofée de trois articles; étant terminées par deux griffes affez foibles , au lieu d'une feule un peu forte.

Les cornes qu'il avoit au - devant des yeux étoient extré-mement courtes, & celles d'après tres-longues; en forte que l'on y remarquoit onze articulations en chacune , dont il y en avoit huit qui reffembloient à des grains de chapelets un peu ovales.

Le huitiéme Juin au matin , il me parut d'une couleur brune , femblable à celle des féves de caffé bien torrefiées. Le neuviéme cette couleur devint noire , & les pattes de cet animal fe firent voir d'un rouge brun.

Enfin le treiziéme il fit paroître quelques excremens d'un jaune pâle , au lieu que ceux du ver étoient fort bruns , les uns & les autres affez durs , & provenans du carton qu'il avoit rongé , & qui faifoit, comme j'ay dit , le fond du Mi-crofcope.

Nous finirons l'explication abregée des ufages de ce Mi-crofcope , en ajoûtant encore , que l'on découvre fur le corps des groffes mouches de tres - petits animaux qui les incom-modent durant leur vie , & qui les mangent après leur mort : ce qui fuffit pour faire comprendre , que ce qui arrive aux uns peut arriver de même aux autres.

Les araignées que l'on y enferme y font leurs œufs; elles les y ramaffent par pelotons , qu'elles enveloppent de leur fóye pour les conferver de la rigueur du tems ; elles vivent feules enfermées dans ce tombeau durant plus de trois mois , fans y prendre aucune nourriture apparente. Et fi une groffe s'y trouve enfermée avec plufieurs petites , celles-cy en font mangées; ainfi l'on remarque que les unes fervent de nour-riture aux autres.

Si vous enfermez dans ce Microfcope une groffe araignée avec une mouche ordinaire , aufli affez groffe , vous aurez le plaifir d'y voir la mouche dans une grande agitation , pendant que l'araignée y demeure comme immobile, couchée sur le dos, les pattes en l'air & écartées les unes des autres ; attendant ainsi avec beaucoup de tranquilité que la mouche, lassée de voltiger çà & là, luy tombe sur le corps, pour l'environner de ses pattes, la piquer à la gorge, & la faire mourir subitement, se contentant d'en tirer le sang sans endommager le reste de son corps, qui demeure tres-long-tems dans son entier, & jusqu'à ce que d'autres tres-petits insectes blancs la viennent devorer & manger en partie.

Nous ne dirons rien icy de la construction de la mouche ordinaire, ni de celle de l'araignée ; parce qu'il en a été parlé ailleurs, & que ce Microscope à canon ne suffit pas pour en faire voir assez exactement les petites parties, qui ont d'ailleurs été examinées avec d'autres Microscopes, & representées élégamment par des Figures dessinées tres-correctement par Monsieur de Vigneux.

On va voir que trois differens portes-objets étant mis l'un aprés l'autre dans un même Microscope à canon de verre, causeront trois differentes sensations d'un même objet qui y sera placé successivement, étant regardé au travers d'une même lentille & d'une même distance.

Premiere Observation.

Si dans l'un de ces Microscopes à canon de verre, au lieu du fond noir que l'on y met ordinairement au-dessous des objets blancs, on en met un fait d'un morceau de glace ou de verre un peu épais, duquel le dessous soit brute ou dépoli, & mis sur une base d'ébene noire sous le canon du Microscope ; les objets qui seront posez sur le côté poli de ce morceau de glace, paroîtront comme étant en l'air, & avec d'autant plus de relief que ce porte-objet de verre sera plus épais, à cause que la lumiere qui tombe sur la surface polie du verre, qui sert de porte-objet, ne vient pas en assez grande quantité dans l'œil du spectateur, pour y faire une impression assez forte, pour nous faire juger que les objets y sont placez ; & c'est ce qui fait paroître ces mêmes objets comme vûs en l'air.

Seconde Observation.

Les objets blancs doivent être posez sur un fond noir ; afin qu'en réfléchissant le moins de lumiere qu'il sera possible , la sensation que nous avons des blancs , n'en soit point tant alterée.

Troisiéme Observation.

Les objets noirs & les bruns doivent être posez sur des fonds blancs ; afin que les parties solides de ces corps noirs & bruns , puissent nous renvoyer plus de lumiere qu'elles ne feroient s'ils étoient posez ailleurs.

Il suit des mêmes experiences , qu'il n'est pas indifferent de préferer un fond de couleur à un autre , si l'on veut donner un grand relief aux figures peintes d'un Tableau. Un Christ , par exemple , qui sera peint sur la surface d'une glace de miroir , qui ne soit point étamée , étant posée sur un fond des plus noirs , paroîtra en l'air ; & son relief sera vû d'autant plus grand , que la glace , sur laquelle on aura peint ce Christ , aura plus d'épaisseur.

Aprés avoir parlé des avantages considerables qu'on peut tirer des Microscopes à canon , il faut aussi dire quelque chose des défauts qui les accompagnent ordinairement ; puis essayer d'y remedier , afin de n'être pas privé des bons usages qu'on en peut faire.

Ces défauts sont au nombre de trois ; le premier , qui n'est pas considerable , vient de ce que l'ouverture de la monture, où l'on fait un écrou , étant trop petite , par rapport à la grosseur du canon , on a de la peine à le bien nettoyer par dedans ; à quoy on pourra remedier , en faisant cette ouverture la plus grande qu'il sera possible ; ou bien il faudra faire en sorte que la piece entiere qui couronne le dessus du canon puisse s'ôter & remettre quand on voudra.

Secondement. La matiere dont le canon est fait se trouve quelquefois si mauvaise , qu'elle pousse un sel au-dehors qui l'engraisse , qui le ternit , & le rend comme fêlé en mille endroits ; de forte que perdant fa tranfparence , il devient inutile.

L'unique remede à ce défaut , eft de tâcher d'en trouver un autre qui convienne ; mais parce que cela eft prefque impoffible , il faudra fe fervir du moyen que je vais donner pour en faire un de carton, qui fervira comme le précedent.

Enfin , fi le canon que l'on deftine à faire un Microfcope eft beau , & que fa monture foit faite d'un bois qui ne foit pas bien fec, il change de figure par la fechereffe ; de rond qu'il étoit il devient ovale , & le canon fe trouvant alors plus preffé en des endroits qu'il n'eft en d'autres , il caffe , à moins que fa réfiftance ne furpaffe l'effort du bois qui fe refferre.

Pour empêcher que les montures ordinaires ne caffent les canons de verre, il n'y a qu'à les environner par le haut & par le bas de deux petites bandes ou ceintures de carton fin d'environ deux lignes de largeur , pour en coller la moitié autour de chaque canon , laiffant déborder l'autre moitié qui fervira d'entrée aux montures de bois, dans lefquelles on ne l'enfoncera que tres-peu ; afin que fi le bois vient à fe refferrer , il n'agiffe que fur la moitié des petites bandes de carton , qui obéïront affez pour éviter le fracas du canon de verre.

Voicy deux nouvelles méthodes pour fe paffer de canon de verre , en faifant de gros Microfcopes, dont les corps dureront tant que l'on voudra.

La premiere de ces méthodes confifte à faire un gros tuyau de bois ou de carton bien rond , & à l'ouvrir par un feul ou par plufieurs endroits, pour donner un libre paffage à la lumiere : puis montant ce tuyau préparé, comme fi c'étoit un tube de verre, on aura un Microfcope , dont les ouvertures pourront, fi on le juge à propos , être fermées par des pieces de verre blanc, qu'il y faudra coller tres-proprement par dedans.

Au lieu de ce canon rond , on peut en conftruire d'une autre maniere, qui fera plus agréable à la vûë , & même plus prompte dans l'execution que la précedente. Pour cet effet, prenez un carton fin , duquel vous couperez une bande affez longue & aſſez large pour y tracer ſix ou huit quarrez longs, que vous ouvrirez par autant de petites fenêtres de même figure, ſur chacune deſquelles il faudra coller en dedans des pieces de verre blanc coupées proprement, & des plus minces qu'il ſera poſſible de trouver, que l'on couvrira par aprés d'un ſecond carton plus petit que le premier, & ouvert de même. Cet eſpece de canon, ou plutôt ce corps de Microſcope, étant ainſi préparé, il n'y aura plus qu'à tourner une monture qui luy convienne, & l'on aura un Microſcope preſque parfait dans ſa maniere.

CHAPITRE X.

Deſcription & uſage d'un tres-petit Microſcope, monté d'une ſeule lentille.

CE petit Microſcope, qui n'a pas plus de neuf lignes de hauteur, eſt vû tout entier au-deſſous de la lettre A, ou de ſon profil marqué B : il eſt fait comme une petite boëte cilindrique ouverte par-deſſus & par-deſſous, pour donner un libre paſſage à la lumiere qui ſe refléchit de l'objet que l'on regarde au travers de la lentille, qui ſe place comme on la voit dans le profil B de ce Microſcope.

Planche 12.
Figure 1.

Des uſages de ce Microſcope.

SI vous obſervez un chiffre gravé ſur la ſurface d'un cachet d'argent, vous l'y verrez d'abord enfoncé, de même que nous le voyons de nos ſeuls yeux ; & ſi l'on continuë de le regarder ſans changer de ſituation, on verra ce même chiffre d'un beau relief, éclairé & ombré du même côté que les enfoncemens l'étoient auparavant qu'on eût la ſenſation de cette derniere apparence.

2°. Si vous continuez à obſerver ce chiffre avec la même attention que vous avez fait, ce qui vous paroiſſoit de relief deviendra enfoncé comme il étoit auparavant, & ainſi de ſuite.

3°. Il arrive souvent qu'ayant observé ces choses, si vous discontinuez pour un moment, & qu'ensuite vous recommenciez la même experience ; vous serez surpris de voir que ce chiffre, au lieu de commencer à paroître comme la premiere fois, c'est-à-dire enfoncé, il paroît de relief.

4°. Si pendant que l'on est tourné du côté que vient le jour, on se releve en continuant de regarder la surface du cachet, ce qui paroissoit enfoncé semble se relever tout à coup, & l'ombre paroît souvent de part & d'autre du relief; mais si l'on continuë d'observer ce relief apparent, pendant que l'on se tourne comme il faut pour recevoir le jour du côté droit, on voit l'ombre du côté d'où vient le jour, ce qui ne surprend pas peu. Et au contraire l'ombre sera à gauche, si le jour donne sur le chiffre, en venant du côté gauche.

5°. Si vous observez ce qui est de relief sur la surface d'un loüis d'or, par exemple, vous le verrez toujours de relief en quelque situation que vous soyez, & de quelque jour qu'il soit éclairé.

6°. Il y a un grand nombre de personnes qui observent les mêmes choses que j'ay vûës.

7°. Il y en a qui voyent toujours enfoncé ce qui l'est effectivement ; & d'autres qui apperçoivent toujours le contraire.

De toutes ces observations, que j'ay faites avec autant de soins qu'il m'a été possible, il en faut conclure que les diverses sensations que l'on a de cet objet ne sont produites qu'à l'occasion du plus ou du moins de délicatesse des filets du nerf optique, qui font le tissu de la Retine ; puisque le moindre changement qui arrive dans ces filets, est capable de faire changer l'apparence des concavitez du chiffre : & à l'égard de ceux qui voyent toujours enfoncé, ou toujours de relief une même chose ; cela n'arrive qu'à cause de la situation constante & uniforme qui se trouve toujours la même sur la Retine, pendant qu'ils regardent le chiffre.

Il est inutile de s'étendre davantage sur les usages de ce petit Microscope ; puisqu'on peut juger, par ce que j'en viens de rapporter, qu'il peut tres-utilement servir à observer tous les petits corps qui peuvent être tenus avec les
doigts

doigts d'une feule main , ou avec des pincettes , pendant que l'on tient le Microfcope de l'autre main.

CHAPITRE XI.

Defcription d'un tres-petit Microfcope à deux verres , qui reprefente les objets dans leur fituation droite & naturelle.

MOnfieur de Puget , dont le merite eft affez connu des Sçavans par les divers Ouvrages qu'il a donnez au Public , nous affure , dans fa premiere lettre écrite au R. P. Lamy Religieux Benedictin , touchant les obfervations qu'il a faites fur la ftructure des yeux de quelques infectes , en parlant des divers effets de deux Microfcopes ; " Que " Monfieur Leevuenhoec raconte , que tous les objets qu'il " voyoit multipliez par la cornée d'une mouche , luy paroif- " foient à rebours. Les hommes , par exemple , avoient la tête " en bas & les pieds en haut ; & que cela ne fe pouvoit faire " autrement , puifque tous les objets qu'on voit au travers de " deux lentilles , paroiffent toujours renverfez.   "

Nous allons faire voir tout le contraire dans un Microfcope à deux verres convexes , dont voicy les proportions.

A B , eft le Microfcope reprefenté dans fon entier , & à peu prés de la longueur & de la groffeur qu'il a été executé.

C , eft la piece de l'œil , & D fon profil , où eft enchaffé le verre oculaire.

E , eft le porte-lentille , & F fon profil.

G & H , font deux viroles qui fervent à arrêter les deux verres.

Le foyer du verre oculaire n'a que quatorze lignes ; celuy de la lentille eft d'un peu plus de quatre lignes ; & la diftance d'entre ces deux verres eft de dix lignes ; d'où il fuit que deux lentilles femblables à celles dont je viens de parler , & de differens foyers , étant montées dans deux tuyaux , de maniere que l'un des deux puiffe être tellement enfoncée dans l'autre , que le foyer de l'une des lentilles

Planche 12.
Figure 2.

F

paſſe au-delà du foyer de l'autre. Ces deux verres ainſi
montez compoſeront un Microſcope, par le moyen duquel
on verra les objets dans leur ſituation droite & naturelle.

J'en ay fait depuis pluſieurs autres à deux verres plans convexes, qui font l'effet de trois Microſcopes, & de 4. Loupes.

CHAPITRE XII.

Deſcription & uſage d'une nouvelle Machine, tres-utile aux Ana-
tomiſtes, aux Deſſinateurs, aux Graveurs, aux Peintres qui
travaillent en Mignature ; & generalement à tous ceux qui
veulent découvrir ce que les yeux ſeuls ne peuvent appercevoir ;
& pouſſer leurs Ouvrages au point le plus haut de perfection.

AB, eſt le pied d'un inſtrument, que je nomme Porte-
loupe, qu'on peut faire de bois & de laiton.

Planche 13. C D, eſt un porte-objet, qui peut ſe monter à vis ou autrement, ſur la ſurface plane du pied A B, tellement conſtruit, qu'on le puiſſe hauſſer & baiſſer facilement quand on
voudra, & même le fixer où il ſera beſoin.

E, eſt une petite tige de laiton, élevée à plomb ſur le
bord ſuperieur du pied A B, d'une force & d'une hauteur
convenable aux differens uſages auſquels on deſtine le porte-loupe.

F, F, F, ſont trois genoüils qui ſe ſuivent, & qui ont une
telle liaiſon entr'eux, que chacun peut être mû diverſement,
pour concourir à produire enſemble un même effet.

Au lieu de ces genoüils, on peut faire trois eſpeces de
charnieres ſemblables à peu prés à celles d'un compas commun qui s'entreſuivent, & qui ſoient affermies par le moyen
de trois vis, & d'autant d'écrous.

G, eſt une virole de laiton, tournée proprement, & d'u-
ne ouverture qui ſoit telle qu'on y puiſſe enchaſſer juſtement,
& l'une aprés l'autre, les loupes de differens foyers ; & même de petits Microſcopes à deux ou trois verres, pour ſervir
à des uſages particuliers.

Des usages de cette Machine.

H, Represente un œil placé au-dessus de la Loupe que l'on a mise dans la virole G, regardant un petit animal posé sur le porte-objet C D, où l'on place tout ce que l'on veut dissequer, pour dessiner d'après les préparations qu'un habile Anatomiste aura mises en état d'être représentées sur le papier.

On voit bien que l'on pourra par ce moyen parvenir à connoître la structure de la peau, celle des ongles, des poils, & la tissure de presque toutes les membranes du corps des animaux.

Avec ce secours on peut entreprendre de faire l'anatomie des gros insectes, & de les representer avec autant d'exactitude, qu'on en aura employé à les bien préparer.

On a déja découvert la semence de plusieurs plantes, qu'on s'étoit persuadé, sans raison, n'en avoir point, comme celle de fougeres, des mousses, des truffes, &c.

On a observé que le sang est composé d'une serosité blanche & transparente, où nagent des globules rouges de differentes grosseurs. On l'a vû circuler diversement dans les vaisseaux de plusieurs animaux vivans, & l'on a reconnu que les veines & les arteres ne font que des tuyaux ou des syphons recourbez.

La facilité que l'on aura de changer de porte-objet, de Loupes, de Microscopes à deux ou à trois verres, & de poser successivement differens petits Tableaux préparez, au-dessous de cette Loupe ou de ces Microscopes, fourniront des moyens nouveaux pour voir parfaitement, & en peu de tems, une grande varieté de choses bien differentes les unes des autres.

Enfin il est facile de comprendre que cette machine renferme aussi tous les usages des Microscopes à canon de verre; & que ces canons n'ayant pas besoin de montures, ils ne seront pas sujets à se rompre.

CHAPITRE XIII.

*Explication de toutes les parties qui compofent un Microfcope
à trois verres convexes, des deux côtez.*

ON voit d'abord dans cette Planche deux grandes Figures deffinées l'une à droite au-deffous de la lettre **A**, qui repréfente l'élevation geometrale du Microfcope tout entier; & l'autre qui eft placée à fa gauche en eft le profil, fait par la fection d'un plan vertical, qu'il faut concevoir paffer par l'axe du Microfcope, pour le feparer en deux parties égales, découvrant dans l'une de fes moitiez tout le dedans de cette machine.

Planche 14.

A B B, eft un bouton qui fert de couronnement au Microfcope.

C C, eft la piece de l'œil, dans laquelle on a fixé le verre oculaire.

D D, eft une autre piece, où l'on a enchaffé le verre du milieu. Cette piece eft colée à un petit bout de tuyau, qui porte un diaphragme à fon extrémité d'en-bas.

E, eft le corps du Microfcope couvert de chagrin, qui fert à recevoir le bout du tuyau colé à la piece D D.

F, eft la bafe du corps de ce Microfcope.

G, eft une bonnette ou porte-lentille, qui fe viffe fur la bafe F, pour y demeurer fermement attachée.

H, eft une petite virole de laiton, ornée de quelques moulures, foudée à un petit bras, qui eft auffi foudé au coulant repréfenté à côté de la lettre I.

C'eft dans cette virole que l'on fait entrer le milieu de la bafe F, pour foutenir à plomb tout le corps du Microfcope.

I, eft le coulant qui peut être mû fur la tige d'acier L, & demeurer à l'endroit de cette tige, où l'on voudra, par le moyen d'un petit reffort d'acier placé entre la tige & le coulant.

M, eft le petit vafe tourné, qui fert d'ornement à la tige.

Immediatement au-deſſus de l'endroit L, on y voit une petite pincette à boutons marquée N.

O, eſt un verre concave, pour ſervir de porte-objet aux liqueurs qu'on mettra dans ſa concavité.

P, eſt une eſpece de porte-objet de laiton, compoſé de pluſieurs pieces, tellement ajuſtées les unes avec les autres, qu'on le peut promener ſur le pied du Microſcope marqué Q.

R, eſt une petite boëte de laiton en forme d'une virole, dans laquelle on met des diaphragmes de differentes ouvertures.

S, S, S, ſont trois petites boules affaiſſées, & attachées au-deſſous du pied pour luy donner plus de grace.

T, eſt une platine de laiton, ſur laquelle on a attaché trois petits reſſorts, qui rendent égal le mouvement du porte-objet marqué P.

Explication du profil de ce Microſcope.

B b b, eſt le profil du bouton qui ſert de couronnement au Microſcope.

c c, eſt le profil de la piece de l'œil, où l'on voit le verre oculaire placé immediatement au-deſſous du couronnement.

d d, repreſente une autre piece qui porte le verre du milieu, & qui eſt attaché à un bout de tuyau, au bas duquel eſt un diaphragme.

e, eſt le corps du Microſcope, dont on voit l'épaiſſeur, que nous avons dit être couvert de chagrin, & ſervir à recevoir le tuyau enchaſſé & collé avec la piece f, qui ſert de baſe au Microſcope.

g, eſt le profil de la bonnette ou porte-lentille, qui ſe monte à vis ſur le bout d'en-bas de la piece f.

h, eſt le profil de la virole de laiton, ſoudée au bas de la couliſſe marquée i.

l, eſt un quarré ou verge d'acier, au haut de laquelle on voit un petit vaſe qui luy ſert de couronnement.

n, eſt le profil d'une petite pincette à boutons.

o, eſt le profil d'un verre concave, où l'on met les liqueurs en plus grande quantité que celles qu'on met ſur un talc, ou ſur un verre plan.

p, eſt le porte-objet compoſé, dont il a été parlé.

q, eſt le profil du pied du Microſcope.

r, eſt celuy de la petite boëte ou virole, qui porte les dia-phragmes de differentes ouvertures.

s, s, s, ſont trois petites boules affaiſſées, pour ſervir d'or-nement au pied du Microſcope.

t, eſt le profil d'une petite platine de laiton attachée à une virole, où l'on fait entrer la petite boëte marquée r.

Du foyer de chacun des trois verres de ce Microſcope, & des diverſes diſtances qui ſont entr'eux.

L'Oculaire, qui eſt un verre convexe des deux côtez, a huit lignes de foyer; on l'a placé au-deſſous de l'œil, à une diſtance d'environ ſix lignes.

Le verre du milieu, qui eſt auſſi convexe des deux côtez, a dix-huit lignes de foyer; ſa diſtance de l'oculaire eſt de douze lignes.

Et la lentille, qui eſt de quatre à cinq lignes de foyer, eſt placée au moins à la diſtance de trente lignes du verre du milieu; & cette même lentille s'en peut éloigner de trente-quatre à trente-cinq lignes, ſi l'on veut que ce Microſcope faſſe paroître l'objet plus gros qu'il ne fait à la moindre diſ-tance: mais il eſt à propos d'avertir que l'objet ne paroîtra pas ſi bien éclairé, étant vû d'une grande diſtance, que s'il l'étoit d'une moindre.

Des uſages que l'on peut tirer de ce Microſcope à trois verres.

EN conſiderant, par exemple, la lettre A d'un loüis d'or avec ce Microſcope à trois verres, dont l'effet ordinai-re eſt de faire paroître à la renverſe tous les objets qu'on y obſerve; on remarque 1°. que cette lettre qui eſt de relief y paroît enfoncée.

2°. Que cet effet n'arrive pas toutes les fois qu'on le de-ſire.

3°. Que ſouvent en regardant cette lettre avec beaucoup d'attention, & durant quelques momens, ce qui paroiſſoit enfoncé, paroît enfuite de relief.

4°. Qu'un certain mouvement de tête apporte quelquefois du changement dans la maniere de voir l'objet.

5°. En faifant avancer le Microfcope fur une table, pendant qu'on y regarde le loüis d'or, ce qui paroifloit de relief s'y enfonce en apparence, & peu de tems aprés avoir été ainfi obfervé, on apperçoit tout à coup que le relief revient.

6°. Si l'on pafle d'un côté d'une table à l'autre, on eft tout furpris de voir que ce qui venoit de paroître en relief, paroît enfoncé, & au contraire.

7°. Ces effets differens ne font point apperçûs de tous ceux qui font ce petit manége, dans lequel on remarque des bizarreries extraordinaires, fuivant la force ou la foibleffe des yeux de l'obfervateur ; car fouvent une même perfonne apperçoit le même objet differemment, en le regardant tantôt d'un œil & tantôt de l'autre, & cela fucceffivement.

8°. Il m'eft arrivé quelquefois qu'ayant obfervé le relief du loüis d'or, & l'ayant vû comme enfoncé, étant d'un côté de la table où étoit pofé le Microfcope, la même chofe m'eft encore apparuë l'étant allé obferver de l'autre côté de cette même table.

9°. Il arrive fouvent que quand on regarde l'objet tantôt d'un œil & tantôt de l'autre, les objets qui font naturellement de relief y paroiffent creux.

10°. Un de mes amis, Officier d'artillerie, a toujours vû enfoncé ce qui étoit de relief, quelque fituation qu'il ait pris pour obferver la lettre **A**, dont nous parlons.

11°. Le même caractere alphabetique d'une piece d'argent, produit fur mes yeux les mêmes effets que nous avons remarquez touchant le loüis d'or.

12°. Il arrive fouvent qu'en faifant une de ces obfervations, il fuffit d'approcher ou d'éloigner l'oculaire du verre du milieu, pour appercevoir un changement contraire à celuy qu'on apperçoit auparavant.

13°. Voicy une autre experience qui n'eft pas moins curieufe que les précedentes ; elle confifte à mettre un cachet d'argent, qui reprefente un chiffre fur le porte-objet du Microfcope : ce chiffre, quoyque gravé profondement, paroîtra de relief & fans aucun enfoncement ; ce qui ne furprend pas peu.

14°. Quand j'obferve le chiffre gravé fur ce cachet, à la lumiere d'une chandelle, vis-à-vis laquelle je fuis tourné, je vois d'abord le creux comme il eft naturellement ; un moment aprés je le jugerois volontiers de relief, fans changer de fituation ; mais en raifonnant fur les ombres qui paroiffent, je me trouve obligé de penfer autrement ; parce que ces mêmes ombres me paroiffent toujours où elles doivent être ; & il en eft de même des effets de la lumiere répanduë fur ce chiffre.

15°. Mais quand je releve le cachet & ma tête, pendant que j'en obferve la furface, je vois de relief ce qui eft enfoncé ; parce que je ne vois plus d'ombre, à caufe du peu de lumiere que je reçois alors par la refléxion d'un bonet rouge que j'ay fur ma tête.

Et fi je regarde obliquement la furface de ce cachet, pendant que la lumiere de la chandelle y tombe à plomb ; je ne le vois point de relief, parce que je ne reçois point de lumiere de fes enfoncemens.

Ceux qui préferent les Microfcopes à deux verres à celui dont je viens de parler, n'ont qu'à fupprimer le verre du milieu, fans y apporter d'autre changement ; fi ce n'eft que lorfqu'il s'agira de faire voir la circulation du fang dans la queuë d'un tétart, dans celle d'une lamproye, &c. il n'y aura qu'à mettre une lentille objective d'un foyer plus court que celle qui y eft.

CHAPITRE XIV.

Defcription d'une petite Machine nouvelle, qui contient trois fortes de Microfcopes, & deux petites lunettes d'approche.

LE deffein que l'on voit icy au-deffous de la lettre A ; repréfente un Microfcope monté fur fon pied ; & celuy qui eft repréfenté au-deffous de B en eft le profil, fait par la section d'un plan vertical qui le divise de haut en bas en deux parties égales , pour en faire voir le dedans ; par ce moyen l'on découvre les lieux où font placez les trois verres Planche 15. qui composent le premier des trois Microscopes.

Celuy de ces verres qui répond à côté de la lettre c , eft un oculaire d'environ huit lignes de foyer.

Le verre du milieu , qui fe voit à côté de la lettre d , a foixante lignes de foyer ; & la diftance d'entre ces deux ver-res c , d , pourra être depuis fix lignes jufqu'à dix ou douze ; de forte que pour faire ce changement de diftance , il fera à propos de monter le verre d , dans un bout de tuyau qui puiffe être facilement hauffé & baiffé ; afin de l'arrêter dans le lieu où fon effet fera le plus convenable aux obfervations que l'on voudra faire , & de mettre un diaphragme à l'autre bout d'en-bas de ce tuyau ; comme cela fe peut voir à côté de la lettre f.

La lentille objective qui répond à côté de la lettre e , a environ fix lignes de foyer : fa diftance ordinaire du verre du milieu fera d'environ quarante-trois lignes. Ainfi s'achevera le premier Microfcope, dont les effets ont été rapportez dans les Chapitres précedens.

Si l'on veut maintenant faire un fecond Microfcope, dans lequel il n'y aura que deux verres , il fuffira de fupprimer celuy du milieu marqué par la lettre d ; ce qui fe fait en ôtant le tuyau où il eft enchâffé , laiffant feulement c , & la len-tille e.

Et pour faire un troifiéme Microfcope qui puiffe fervir à découvrir ce qu'il y a de plus beau & de plus fingulier dans les liqueurs ; il faudra ôter la lentille e , & mettre en fa pla-ce une autre lentille de trois lignes au plus de foyer , en re-glant l'ouverture de cette derniere fur ce nouveau foyer ; ce qui n'eft pas de peu de confequence , quand on veut mé-nager la clarté & la diftinction , qui font deux chofes tres-differentes , & qu'il eft néceffaire d'avoir dans tous les Mi-crofcopes.

Si l'on veut maintenant faire une lunette d'approche , qui faffe paroître les objets dans leur fituation naturelle , il n'y a qu'à fupprimer la lentille marquée c , & la lentille e , puis

G

mettre en la place de cette derniere lentille e , un oculaire concave , qui convienne à la longueur du foyer du verre d, qui deviendra l'objectif de cette lunette. Et il faut remarquer que le concave est dans une partie de sa monture , placé dans une petite boëte pratiquée au-dedans de la solidité du couronnement B g h , comme on l'y peut remarquer.

Enfin s'il étoit néceffaire , on pourroit encore pouffer la curiofité plus loin , & trouver dans cette machine dequoy faire une feconde lunette d'approche , fans augmenter le nombre des verres que nous y avons employé jufqu'à prefent, laquelle lunette feroit paroître les objets renverfez , à l'imitation de celles qui s'appliquent aux niveaux , aux quarts de cercles , & à celles qui fervent aux Aftronomes pour faire les obfervations celeftes.

Pour l'executer , il n'y auroit qu'à fe fervir de l'oculaire c , & du verre du milieu marqué d ; & parce que cette lunette deviendroit plus longue que la précedente , il faudroit qu'elle contint un fecond bout de tuyau , à l'une des extrémitez duquel il y aura une petite monture , qui fervira à mettre l'oculaire marqué c.

Il ne refte plus qu'à ajufter au bas de la tige du Microfcope une petite pincette , pour y attacher les animaux tout vivans ; & à faire des portes-objets qui conviennent aux liqueurs & aux autres objets qu'on veut obferver.

CHAPITRE XV.

Defcription d'un nouveau Microfcope univerfel , & de fes ufages.

ON a defiré depuis long-tems d'avoir un feul Microfcope qui fut portatif & univerfel , c'eft-à-dire un inftrument qui puiffe fervir à obferver toutes fortes de petits objets ; les durs , les mols , & tout ce qui fe peut voir dans les liquides. En voicy un que l'on croit capable de renfer-

mer tous ces avantages, parce qu'il contient toutes les choses qui sont nécessaires pour faire l'effet de plusieurs Microscopes ; c'est pourquoy il n'a pas été possible d'éviter d'y
faire entrer un grand nombre de pieces tres-differentes les
unes des autres, de chacune desquelles il faut parler assez
exactement pour en faire comprendre la méchanique & l'u-
sage. Mais afin d'entrer facilement dans ce détail, nous esti-
mons qu'il est bon de jetter les yeux sur la premiere des
deux Figures representées dans la seiziéme Planche, qui Planche 16.
nous montre le Microscope vû par-devant, & dans une élevation geometrale, de la même grandeur qu'il a été executé
par Monsieur le Febvre Ingenieur en instrumens de Mathématiques ; & où l'on voit d'abord trois ressorts d'une construction particuliere.

Le premier de ces ressorts est appliqué au haut de la piece marquée A, ses montans se voyent en B B, pressant le
porte-lentille F, qui est derriere eux.

Le second marqué c est attaché en D.

E E, sont les montans du troisiéme ressort que l'on voit
attaché en H, sur une platine I qui est au-delà.

Il faut premierement remarquer que les sommets des
montans de ces trois ressorts sont un peu courbez en devant
pour faciliter l'entrée de quelques pieces plattes & minces
que l'on mettra derriere eux, comme on l'expliquera cy-
aprés. Ces trois ressorts sont aussi un peu courbez vers le
milieu de leur longueur, pour faire place aux pieces qu'on
doit introduire derriere eux.

F, est le premier des deux portes-lentilles nouveaux,
qu'on peut nommer Eprouvette ; parce qu'il peut servir à
éprouver de suite des lentilles de diverses grosseurs & de differens foyers.

I, est une piece de laiton qui sert à soutenir une partie
des pieces dont on vient de parler. Cette piece doit avoir
plus d'épaisseur que les précedentes, & s'enfoncer un peu
dans le milieu superieur de la piece à coquille où elle est
soudée.

L L, est un morceau de glace qui doit être des plus beaux
& des plus transparens qu'on puisse trouver, au milieu du

quel on a taillé un petit concave , pour y mettre les liqueurs que l'on voudra observer.

M M , est une grande piece de laiton , au haut de laquelle on a fait une ouverture en forme d'un quarré long , pour faire passer par-dessus & à coulisse le morceau de glace L L , que nous avons appellé ailleurs porte-objet, ou porte-liqueur.

N N , est une grande roue à dents , qui sert à conduire la lentille au point où elle doit être , pour qu'on puisse voir les objets le plus distinctement qu'il est possible.

O , est une virole attachée au manche du Microscope, au haut de laquelle est un écrou qui reçoit une vis d'acier soudée au-dessous de la piece à coquilles , qui termine le bas du Microscope.

Voilà l'explication abregée de toutes les pieces visibles de cette premiere Figure ; & voicy celle des pieces que l'on voit dans la seconde, qui en est le profil.

Figure 2.

a a a , est le profil d'une piece courbée en équerre , dont les dimensions sont exactement observées dans cette Figure , & dans la précedente.

b , est le premier des trois ressorts qui sont au-devant de la premiere Figure ; il n'est pas vû dans celle-cy , à cause de l'épaisseur du haut de la piece a a a , où elle s'enfonce.

c , est le second ressort que l'on voit attaché en d par une vis , & fixé en partie par une petite pointe fichée dans la piece A de la premiere Figure , afin qu'il ne puisse tourner d'aucun côté.

e , est le sommet de l'un des montans du troisiéme ressort que l'on voit attaché en h , & s'insinuer dans un petit trou fait au haut de la piece à coquilles.

f , est le premier des nouveaux portes-lentilles.

I , represente la hauteur & l'épaisseur d'une platine de laiton , qui est soudée par en bas dans le milieu de la piece à coquilles qui répond au-dessus de la virole O , & qui sert à soutenir & affermir la plus grande partie des pieces précedentes.

l , est un verre concave ou porte-objet , taillé en biseaux , pour être fermement arrêté dans une coulisse faite sur la piece marquée m.

n , eſt le profil d'une grande rouë à dents , & d'une vis rivée à ſon centre.

o, eſt la virole qui s'attache au manche du Microſcope , comme il a été dit.

p, eſt une regle d'acier rivée en deux endroits de ſa largeur ſur la piece du milieu marquée I.

Cette regle , dont on voit icy la longueur & l'épaiſſeur, eſt ouverte par le milieu en forme d'un quarré long qui a peu de largeur ; & elle en doit avoir moins que le côté horiſontal de l'équerre a a a , qui luy eſt parallele.

q, eſt une piece façonnée proprement, au bas de laquelle il y a un écrou par lequel on fait paſſer une vis, dont le bout r eſt formé en pivot bien rond , pour être mû avec juſteſſe dans un trou fait au bas d'une eſpece de conſole marquée t, le haut de laquelle entre quarrément dans l'ouverture de la regle d'acier p, & y eſt fixé par le moyen d'une vis , dont la tête ſe perd dans l'épaiſſeur de cette regle.

Il faut maintenant remarquer que l'extrémité ſuperieure de la piece q eſt en partie quarrée , & en partie viſſée ; & que celle qui eſt quarrée ſe termine dans l'épaiſſeur de la regle d'acier p , où elle peut couler librement, & ce qui eſt viſſé traverſe le bras horiſontal de l'équerre a a , ſe terminant comme on le voit en s , où l'on peut remarquer qu'une petite rondelle de laiton en eſt enfilée , & qu'on a encore mis par-deſſus une petite rouë à dents qui a un écrou à ſon centre , pour ſerrer cette rondelle , plus ou moins, ſuivant le beſoin.

u x , eſt un quatriéme reſſort de laiton fermement attaché avec deux petites vis qui entrent dans la piece marquée I.

y, eſt le profil d'une piece de laiton mince , courbée & recourbée en équerre double , pour ſoutenir par ſon extrémité ſuperieure la virole & qui fait reſſort ; parce qu'elle eſt fenduë en ſa partie ſuperieure , & dans laquelle on fait entrer le canon z noirci en dedans , & garni de diaphragmes de diverſes ouvertures.

Voilà l'explication de toutes les parties du Microſcope vû de côté ; & voicy celle de chacune de ces pieces deſſinées à part, & marquées de lettres ſemblables à celles des Figures

précedentes ; afin qu'on y puiſſe avoir recours , ſi l'on juge
que cela ſoit néceſſaire.

*Explication de tout ce qui eſt contenu dans la Planche 17 ,
qui a rapport avec les Figures de la précedente.*

A , Eſt le deſſein de la partie verticale du devant de la
piece de laiton courbée en équerre ; au derriere de
laquelle , & ſur ſes deux montans , on a rivé une piece de
laiton mince , pour ſervir d'appuy aux portes‑lentilles qui
s'adoſſent contre.

Mais auparavant que d'attacher cette piece , il faut avoir
creuſé en talus le devant de la piece A , laiſſant la partie
élevée du côté de la vis , pour loger l'extrémité de la queuë
du reſſort B B , afin que ſes montans approchent plus prés de
la piece mince qu'on aura rivée derriere.

Cette préparation étant ſuppoſée , voicy la méthode que
l'on a ſuivie pour attacher les deux premiers reſſorts qui ſont
ſur le devant de ce côté de l'équerre. On y a premierement
fait deux trous qui ſe voyent au bas de la queuë de cette
piece A , dont le ſuperieur , qui eſt un peu plus grand que
l'inferieur , ſert d'écrou , & l'on a rivé un petit tenon dans
l'autre trou , le ſurpaſſant ſeulement de l'épaiſſeur des deux
reſſorts ; enſuite de cela on a encore fait deux trous ronds
au bas de chacun des deux reſſorts B , C , qui conviennent
tellement aux précedens , que la queuë du premier s'appli‑
quant dans la cavité faite au‑deſſous du milieu des montans
de la piece A , on puiſſe mettre par‑deſſus ce premier reſ‑
ſort B , le ſecond C , & attacher enſemble ces pieces avec
la vis , dont la tête paroît au‑deſſous de la lettre D , Figure
1. & 2. de la Planche 16.

E E , eſt le troiſiéme reſſort qui s'applique & s'attache au‑
devant de la piece de laiton marquée I.

F , eſt le premier des deux portes‑lentilles , où l'on voit
une tetine pour loger la lentille ; on le fait d'une piece de
laiton gratté tres‑mince , dont une moitié eſt pliée ſur l'autre.

G , eſt le ſecond porte‑lentille , qui eſt auſſi fait de laiton
un peu plus fort que le précedent. Le deſſein en fait aſſez

connoître la conftruction ; il fuffira de dire, que ia partie du
deffus eft de même largeur que la queuë, & que le coulant
fert à retenir la lentille en place.

L L, eft un morceau de glace, au milieu duquel on a
taillé un concave, qui fert à y retenir une petite goutte de
vinaigre, où nagent des anguilles.

On peut faire d'autres portes-objets de verre mince & de
même grandeur fans le creufer, au-devant defquels, fi la lentille dont on fe fervira eft d'un tres-court foyer, on mettra
les liqueurs pour les obferver.

M M, eft une platine de laiton, où il y a une couliffe pour
recevoir les portes-objets précedens.

On en fait plufieurs autres avec du petit carton mince,
au milieu defquels on fait une ouverture femblable à celle
qui fe peut voir au-deffous de la lettre K, où l'on attache
des objets pour être vûs l'un aprés l'autre, avec des lentilles
de foyers convenables.

x x, eft le quatriéme reffort qui eft attaché par deux vis
derriere la piece I, & immediatement au-deffus du côté horifontal de l'équerre a a a, de la feconde Figure Planche 16.
Ce reffort eft un peu courbé au fommet, pour faciliter l'entrée d'une platine pliée & repliée en double équerre, & il
l'eft encore par en bas, comme on le peut voir exactement
exprimé dans fon profil, Planche 16.

N N, eft le profil d'une grande rouë à dents, & d'une vis
rivée à fon centre.

o, eft le deffein de la virole attachée au manche du Microfcope, au haut de laquelle on a fait un écrou pour y faire
entrer la vis qui fe voit reprefentée en o, au bas du profil,
feconde Figure de la Planche 16.

p, eft le plan fuperieur de la regle d'acier que nous avons
mis icy, pour faire voir tout ce qui n'a pû être reprefenté
dans les Figures de la Planche 16.

q : cette piece eft affez vifible dans le profil de la Planche
16. pour n'avoir pas befoin d'une plus ample explication que
celle qui en a été donnée.

y, eft la reprefentation perfpective de la largeur d'une
piece de laiton courbée & recourbée en double équerre,

au fommet de laquelle on a foudé une virole marquée &.

z z, eft un canon cilindrique qui coule dans la virole &, qui fait l'office d'un reffort. Ce canon eft garni de diaphragmes, & noirci interieurement pour en éviter le luifant.

Le deffein qui eft marqué des chiffres 1, 2, 3, 4, 5, 6, 7, eft une machine particuliere à ce Microfcope, que nous avons nommée porte-pincette. On voit qu'elle eft compofée de fix principales pieces ; fçavoir, d'une petite pincette à boutons marquée 1 ; d'un petit canon vû en 2, dont l'un des bouts eft à reffort ; d'une charniere chiffrée 3, qui tourne fur une petite bande de laiton marquée 4 ; d'une tige ronde 5, qui entre dans deux petits canons 6, 6, pratiquez à l'extrémité de la piece 7, qui doit être de laiton mince. De forte que par cette difpofition de pieces, toutes differentes les unes des autres, on pourra aifément mouvoir la pincette en tous les fens que l'on voudra.

8, eft une tige de laiton, à l'un des bouts de laquelle on a monté à vis ou autrement une pointe d'aiguille, pour fervir aux ufages dont il fera bien-tôt parlé.

9, eft un porte-objet d'ébene, noir d'un côté & blanc de l'autre ; il doit être fait à peu prés comme une dame à joüer, vers la circonference de laquelle on a dû avoir refervé un petit rebord élevé en forme de parapet, pour empêcher que les petits corps qui fe mettront fur la furface, tant superieure qu'inferieure, ne puiffent rouler en bas.

10, eft le profil de ce porte-objet, où l'on voit un petit trou rond qui fe remplit d'une cheville de liege, afin qu'en y fourrant la pointe de la tige 8, la dame 9 y tienne attachée.

Des ufages de ce Microfcope univerfel.

Nous fuppofons d'abord que cette Machine ainfi conftruite, foit encore accompagnée de plufieurs lentilles de differens foyers parfaitement bien taillées, & bien montées dans des pieces de laiton femblables à celles qui font reprefentées au-deffous des lettres F, G, Planche 17. aprés quoy on fera en état de faire les experiences qui fuivent.

Mais

Mais auparavant que j'entre en matiere, je me trouve obligé d'avertir, qu'une explication par écrit, quelque ample qu'elle foit, ne donnera jamais l'intelligence qu'il faut avoir pour bien conduire toutes les pieces de ce Microfcope, pour préparer les objets qu'on y peut obferver; & qu'en moins de deux heures de converfation avec une perfonne qui en aura l'intelligence, on apprendra plus de chofes, que l'on ne feroit durant huit jours, d'une lecture qui rebuteroit ceux qui ne font pas accoûtumez à lire ces fortes d'explications; c'eft pourquoy je ne diray précifement que ce qu'il faudra dire pour ne point ennuyer.

Des Cartons préparez pour fervir de portes-objets fixes.

LE deffein que l'on peut voir au-deffous de la lettre K, Planche 17, reprefente un des petits cartons, au milieu duquel on a pratiqué une ouverture ronde ou quarrée, pour y faire répondre divers corps durs & tranfparens, comme des aîles de mouches, des cheveux, de tres-petites plumes d'oifeaux, des tranches de bois tres-minces, &c. qu'on y attache avec un peu d'eau gomée, ou quelque autre chofe d'équivalent. Ces cartons étant ainfi préparez & mis de fuite dans la piece à couliffe de la platine M M, pour y être vûs avec des lentilles qui conviennent, divertiront agréablement les fpectateurs par un grand nombre d'objets tous differens les uns des autres.

Du Porte-pincette, & des pieces qui l'accompagnent.

CEtte Machine eft d'un grand ufage pour fervir avantageufement aux diverfes obfervations que l'on fe propofera de faire fur une infinité de petits corps durs ou mols: fi ces corps font durs, on les attache à la pincette à boutons marquée 1, 1, Planche 17; s'ils font mols, comme les poux, les puces, &c. on les pince par la croupe, pour être obfervez tout vivans. Les mouches d'une certaine groffeur fe peuvent empaler avec la pointe de la tige 8, qui fe monte par aprés dans les deux petits canons 6, 6, de la platine 7. Si ce font

H

des poux de ferins de Canarie qu'on ait deſſein d'obſerver ;
on trempe la pointe de cette même tige dans un peu d'eau
gomée, aſſez épaiſſe pour y faire tenir ces poux. On en fait
de même pour les mittes de fromage, qui paroiſſent bien
differentes les unes des autres.

On peut auſſi enduire la petite dame 9 de cette eau gomée, & répandre deſſus ces petites bêtes vivantes qui s'y
attachent, & qui y demeurent en vie tres-long-tems ; & pour
les obſerver ſur cette dame, on fait entrer dans le trou qui
eſt à ſon côté la pointe qui eſt au bout de la tige 8, qui y
demeure ferme au moyen de la cheville de liege qui le remplit exactement. Les petites graines les plus menuës ſe placent ſur de ſemblables dames, blanches ou noires, ſuivant
la couleur des graines qu'on y veut voir, & l'on employe à
cet effet des lentilles convenables. Cette platine 7. ſe place
au même lieu qu'eſt placée celle qui eſt marquée M M, dans
la premiere Figure de la Planche 16. Et il faut remarquer que
cette piece & la pincette s'y peuvent mouvoir de haut en
bas, de bas en haut, & de côté, ſoit à droit, ſoit à gauche :
mais pour faire avancer la lentille vers l'objet, ou pour l'en
éloigner, il faut tourner la petite roüe * S d'un certain ſens,
puis pouſſer en avant ou en arriere la partie baſſe de l'équerre marquée a a a, l'arrêtant par le moyen de cette même
roüe où l'on juge à propos de l'arrêter, prés ou loin de la
lentille ſuivant ſon foyer ; & pour achever de la mettre pré-
ciſement au point où elle doit être pour bien voir l'objet ; il
faut appliquer l'œil tout proche de la lentille, pendant qu'on
tient le Microſcope d'une main ; puis faire tourner avec un
des doigts de la même main, dont on tient le Microſcope,
la grande roüe marquée N N, à droit ou à gauche, & l'arrêter dans le moment que vous appercevrez l'objet le plus diftinctement qu'il ſera poſſible.

A l'imitation des deux tiges précedentes, marquées 1. &
8, on pourra en conſtruire de diverſes ſortes de même longueur & groſſeur ; mais de formes toutes differentes en chacune de leurs extrémitez, ſuivant le beſoin que l'on en pourra avoir. Par ce moyen l'on étendra l'univerſalité de ce
porte-pincette, & en même tems celle du Microſcope, qui

* Planc. 16.
Figure 2.

tire tous ſes avantages de ſa bonté, & de l'induſtrie de celuy
qui s'en ſert.

De l'uſage de ce Microſcope pour les liqueurs.

SI l'on veut maintenant obſerver ce qui ſe peut découvrir
dans une liqueur, il n'y a qu'à tremper le plus petit bout
d'une plume à écrire dans une infuſion de quelque plante,
pour en moüiller le milieu du porte-objet de verre qui ſera
enchaſſé dans la couliſſe de la piece marquée M M, en la
premiere Figure de la Planche 16. afin de la faire répondre
vis-à-vis de la lentille qui luy conviendra, & de la mettre
au point de diſtinction. Ainſi l'on verra dans diverſes liqueurs des animaux qui y nagent, d'autres qui y rampent &
nagent, & d'autres enfin qui y marchent & qui y nagent.

Il faut remarquer que pour mettre beaucoup d'anguilles
en experiences, il faudra employer le verre concave, & y
mettre une aſſez groſſe goutte de vinaigre avec le petit antonnoir dont nous avons parlé, dans l'uſage des Microſcopes
précedens.

De la circulation du ſang, & d'une nouvelle invention pour la faire voir dans la queuë d'un petit poiſſon, nommé Tétart ou Chabot.

L'Une des belles découvertes que l'on ait faites dans la
Medecine, eſt celle de la circulation du ſang, qui eſt
düë à Hervée fameux Medecin Anglois, qui la publia en
l'année 1628. ou plutôt au Pere Frapaulo, celebre Ecrivain
de ſon tems.

Quelques bons qu'ayent été les raiſonnemens & les experiences de ces deux ſçavans Hommes, pour établir cette
opinion; tous les vieux Docteurs de ce tems-là s'éleverent
contre cette nouveauté, & firent tout ce qu'ils pûrent pour
la combattre; parce qu'ils manquoient alors d'experiences
aſſez évidentes pour la preuve d'une ſi belle découverte. En
voicy une qui met le fait hors de conteſtation.

Pour cela, vous n'avez qu'à préparer une platine de laiton

mince , de la figure & de la grandeur qu'eſt le deſſein marqué A BB ; préparez auſſi une bande de parchemin de la
figure d'un quarré long , dont la hauteur ſoit d'environ 18.
lignes , & d'une longueur ſuffiſante pour environner les montans B B de cette platine , & coller ſes deux bouts l'un ſur
l'autre : après cela collez auſſi les deux extrémitez de deux
petites bandes de même matiere , d'environ trois lignes de
largeur au devant de cette piece , comme cela paroît aux
endroits c c c c , laiſſant libre & dégagé tout le derriere des
bandes ; afin que le tout étant bien ſec , vous puiſſiez paſſer
librement entre ces bandes , & le derriere de la piece de
parchemin doublée , les montans B , B , de la platine de laiton A.

Ayez enſuite un petit morceau de glace de verre de peu
d'épaiſſeur , taillé proprement , d'environ huit lignes en
quarré , dont vous ferez entrer la moitié entre les deux côtez
d'en-bas de la machine de parchemin , dont je viens de parler , pour la coller contre ſa partie anterieure ſeulement ,
ainſi qu'il paroît en D D : coupez adroitement une piece du
devant de cette machine , qui ſoit de la figure du têtart , &
faites que cette piece tienne par en haut , comme cela ſe
voit au-deſſous de la lettre E : paſſez enſuite un bout de fil
à l'extrémité du bas de cette piece libre , que vous venez de
préparer , dont les bouts s'étendent à droit & à gauche ,
ainſi qu'il paroît en F ; en ſorte qu'il y en ait autant d'un côté qu'il s'en trouve de l'autre ; comme on le peut remarquer
dans ce deſſein.

Lorſque vous voudrez faire voir la circulation du ſang dans
les veines & dans les arteres qui ſont en la queuë d'un têtart,
vous n'aurez qu'à en placer un au-deſſous de la piece de parchemin, que vous avez ſeparée en partie du reſte de ſa machine , aprés y avoir fait pluſieurs grands trous d'épingle , &
humecté d'un peu d'eau l'endroit où vous le voulez enfermer , au moyen de la piece qui s'abaiſſe deſſus , & du fil
marqué G F G , dont vous le lierez doucement , afin qu'il
puiſſe reſpirer dans cet état.

Cette machine étant ainſi préparée , il la faudra porter à
la place de celle qui eſt marquée M M , en la Fig. 1. Planche

16, faifant répondre la queuë du tétart fur le verre qui eft au-
deffous, après l'avoir effuyé, l'approchant enfuite d'une lentille d'environ deux lignes de foyer, vous aurez le plaifir de
voir au jour, ou à la faveur d'une chandelle allumée, le fang
ruiffeler dans un affez grand nombre de veines & d'arteres;
découvrant en même tems plufieurs autres Phénoménes affez
curieux à obferver.

Cette nouvelle maniere d'obferver la circulation du fang,
& les animaux des liqueurs, eft préferable à toutes celles où
l'on employe un miroir plan, que l'on ajufte dans une boëte
préparée à cet effet; car le mêlange qui fe fait de la lumiere
refléchie par les parties folides du devant de la glace, de
celle qui part de la furface du vif-argent mêlé avec l'étain,
& de celle de l'air qui fe trouve dans les pores de cet amal-
game, ne produit qu'une lumiere confufe, qui empêche le
fpectateur d'avoir une parfaite diftinction de l'objet qu'il regarde.

Nous fupprimons auffi la Loupe placée entre la lumiere
& l'objet, que l'on y place dans le deffein d'éclairer davantage une petite étenduë de la queuë du poiffon; parce que
cette grande quantité de rayons de lumiere differemment
modifiée, bien loin d'être avantageufe dans cette occafion,
elle y nuit beaucoup, en empêchant le fpectateur d'avoir
une diftinction parfaite de l'objet éclairé de cette maniere.

On peut auffi voir la même chofe, en découvrant un plus
grand champ, ou une plus grande étenduë de la queuë du
tétart, en fe fervant d'un petit Microfcope à deux ou à trois
verres convexes des deux côtez, dont voicy les proportions.

Profil d'un petit Microfcope, compofé de deux ou de trois lentilles convexes des deux côtez.

ON voit au haut de cette Planche le profil des trois len- Planche 18.
tilles H I K, qui doivent être des plus parfaites, &
montées dans le corps du Microfcope, dont le profil fait par
la fection d'un plan, paffant par l'axe de toute fa longueur,
eft reprefenté au bas de cette même Planche, avec les verres qui le compofent.

H iij

L'oculaire marqué H , doit avoir six lignes de foyer : le verre I du milieu sera d'un pouce ; & K , qui represente la lentille , aura pour le moins deux lignes de foyer.

La distance de l'oculaire au verre du milieu sera de quinze lignes ou environ ; celle du verre du milieu à la lentille , sera de deux pouces ; & la distance de l'œil à l'oculaire , sera d'environ quatre lignes.

Enfin si l'on veut faire un Microscope à deux verres , il n'y aura qu'à supprimer celuy du milieu , & laisser le reste en l'état qu'il se trouve.

Ce Microscope à deux ou à trois verres , étant ainsi construit , s'enchassera dans la virole representée en L ; en sorte qu'il y soit fermement arrêté. M est le profil de cette virole, qui est un peu ouverte du sens de sa largeur , afin qu'elle fasse l'office d'un ressort : son épaisseur , qui est vûë en N , doit être imaginée plus haute que le plan O , sur lequel sa partie basse est enchassée de dix lignes ou environ en profondeur.

Ce plan O represente une petite platine mince de laiton d'environ quatorze lignes en quarré , percé au milieu d'un trou rond qui a cinq lignes de diametre , dont l'usage est de recevoir la bonnette qui fixe la lentille du Microscope , comme cela se peut remarquer au-dessous de la lettre P , qui est le profil de l'épaisseur de cette platine O.

Cela étant ainsi preparé , on engagera cette platine P Q entre la piece A & le ressort C de la premiere Fig. Planche 16 ; par ce moyen on aura le plaisir d'appercevoir tout ce qui sera dans une petite goutte d'une infusion mise sur le porteobjet du Microscope , & d'y découvrir un champ beaucoup plus grand que n'est celuy que l'on découvre ordinairement avec une seule lentille , mais avec moins de clarté.

Il a encore un avantage particulier , qui est de servir à découvrir les objets d'une distance plus grande que l'on ne feroit avec une lentille d'un tres-court foyer.

Ce Microscope à deux ou à trois verres , étant monté de même que ceux qui sont composez d'autant de verres , servira aux mêmes usages.

En continuant de parler des usages du Microscope universel , nous dirons que pouvant écarter , tant & si peu qu'on le veut, le porte-lentille de l'objet qu'on veut voir, on a la facilité de mettre en usage des lentilles de divers foyers ; & par consequent celuy de faire, avec cette nouvelle monture, un grand nombre d'experiences qu'on ne peut pas faire avec plusieurs autres d'une construction differente.

Comme on peut approcher en un instant la lentille de l'objet, avant que de porter le Microscope à l'œil, & achever de la mettre assez prés ou assez loin de l'objet, par le moyen de la rouë N N, que l'on tourne avec un seul doigt de la main qui le tient, cela donne le moyen de promener l'objet avec l'autre main, & de découvrir toute l'étenduë de la petite goutte d'eau mise sur le porte-objet, & en même tems ce qu'elle contient. Planche 16.

Cette rouë N N, sa vis, & la piece marquée q s, dans le profil de la Planche 16, font que ce Microscope a une proprieté qui consiste, en ce que dans le moment que l'on commence à tourner la rouë N N, la lentille part pour s'approcher ou pour s'éloigner de l'objet, ce qui fait juger de sa bonté ; car étant excellente, son meilleur effet paroît à une seule distance de l'objet ; au lieu que si elle n'étoit que mediocre, son effet se feroit voir le même en des distances inégales.

Le nouveau porte-lentille, marqué F, est si commode, qu'on peut par son moyen employer des lentilles d'un si court foyer que l'on voudra, & mettre les liqueurs au devant ou au derriere du porte-objet de verre ; ce qui donne occasion d'observer les poissons qui nagent dans ces liqueurs par devant ou par derriere, & de découvrir s'ils rampent ou s'ils marchent sur le porte-objet, ou enfin s'ils nagent dans l'eau que l'on examine. Planche 16. & 17.

On voit bien que ce Microscope ainsi construit, & accompagné de toutes les pieces qui en doivent faire l'assortiment, est presque universel, & qu'on peut faire avec cet instrument toutes les experiences dont j'ay parlé dans ce Traité, à la reserve de quelques-unes qui se font commodement avec les Microscopes à canons, & le porte-Loupe ; car il est évident qu'on ne le peut employer dans les dissections des petits animaux vivans ou morts ; qu'il ne peut servir à les dessiner ni à les graver élégamment, ni même à les tenir enfermez durant plusieurs mois dans de petites prisons bien éclairées, comme on fait dans les Microscopes à tombeaux, où l'on voit comment les uns y font leurs œufs, & d'autres leurs petits tout vivans ; comment ils s'y nourrissent ; comment ils y changent de couleur ; comment ils y combattent ; & où enfin l'on découvre avec beaucoup de plaisir plusieurs especes de métamorphoses, qu'on ne se lasse point d'admirer.

CHAPITRE XVI.

Autre nouveau Microscope universel.

VOicy un second Microscope universel, plus simple que le précedent, & qui a par-dessus cela quelques avantages qui ne s'y rencontrent pas. On le voit représenté dans cette dix-neuviéme Planche, en deux positions toutes differentes ; la premiere, est une élévation géometrale du Microscope tout entier vû par devant ; & la seconde le représente vû de côté.

Ce Microscope étant construit de plusieurs pieces semblables à celles du précedent, & ces pieces ayant icy les mêmes usages, nous passerons légérement par-dessus, nous contentant de nous étendre autant qu'il le faudra sur celles qui font d'une nouvelle construction, & dont les fonctions font plus parfaites & plus commodes.

Explication de la premiere & seconde Figure, qui représentent le Microscope tout entier vû par devant & de côté ; où il faut remarquer que les grosse lettres servent de renvoy à la premiere Figure ; & les petites à la seconde.

A A, est une piece de laiton soudée par en bas, à une petite piece ronde & platte, ornée de quelques moulures pour servir de base à cette maîtresse piece, & de couronnement à la virole du manche sur laquelle elle se monte à vis, comme on le peut remarquer au bas de la seconde Figure.

Cette

Cette piece A A, qui reſſemble en quelque façon à une petite palette, dont les enfans ſe ſervent pour jouër au volant, eſt nommée la maîtreſſe piece; parce qu'elle ſert à ſoutenir & à porter les autres parties de ce Microſcope: ſa longueur, ſa largeur & ſon épaiſſeur ſont exactement repréſentées dans la premiere & ſeconde Figure.

b, eſt un canon en forme de quarré long, repréſenté en la ſeconde Figure, ſoudé par un bout au-deſſus du milieu de la maîtreſſe piece A A, ou a a.

c c, eſt un autre petit canon creux & de même figure, qui entre juſtement dans le précedent: ce petit canon eſt ſoudé à une petite piece de laiton marquée D ou d.

E, ou e e, repréſentent une vis qui tient à la piece d, ſur laquelle tourne la rouë F F, ou f.

G, ou g, eſt un reſſort d'acier trempé, dont le bas eſt attaché ſur la maîtreſſe piece A A, ou a a.

Le bout d'en-haut de ce reſſort eſt ſeparé en deux parties, formant une eſpece de fourchette platte par ſes extrémitez, pour laiſſer un paſſage libre à la vis e e; de maniere que les deux extrémitez du haut de ce reſſort appuyans contre le milieu de la piece marquée d, elles la pouſſent continuellement en avant.

On voit en la ſeconde Figure, tant au-deſſous de la lettre h, qu'au-deſſus d'i, les bouts de deux petits reſſorts d'acier placez, l'un dans le gros canon b, & l'autre dans le petit marqué c, pour rendre uniforme le mouvement du petit canon, & du bras horiſontal de l'équerre l l l, dont on va parler.

L, ou l l l, eſt une grande piece de laiton, formant une eſpece d'équerre, dont la branche horiſontale eſt toute ſimple, au lieu que ſa verticale eſt plus compoſée. La branche la plus ſimple eſt ſemblable à une petite regle ordinaire, dont toutes les ſurfaces oppoſées ſont paralleles entr'elles; afin qu'étant ainſi d'égale épaiſſeur, elle puiſſe couler librement, & d'un mouvement égal, dans le conduit qui aura été pratiqué au-dedans du petit canon marqué c.

La branche verticale de cette équerre eſt conſtruite de pieces ſemblables à celles du Microſcope univerſel précé-

I

dent, reprefentées dans la Planche 16. Figure 1. & 2. par les lettres A, B B, C, & expliquées dans le Chapitre XV. qui précede celuy-cy.

M M, font deux refforts de laiton attachez fermement l'un à droite & l'autre à gauche, de la largeur de la piece A A, par le moyen de deux vis dont on voit les têtes, & de deux petites goupilles invifibles, qui font rivées aux extrémitez d'en-bas de ces refforts, courbez en deux fens differens, comme on le peut remarquer en h & en m, afin de faciliter l'entrée, & l'enfoncement des diverfes pieces qui doivent s'introduire derriere ces mêmes refforts.

Au milieu de l'épaiffeur, & à l'extrémité fuperieure de la maîtreffe piece A A, ou a a, il y a une ouverture faite en forme d'un petit quarré long, dont les moindres côtez font également diftans de la largeur de la platine A A, dans laquelle on fait entrer le bras vertical d'une petite regle de laiton d'environ vingt lignes de longueur, & de trois lignes de largeur, pliée par le milieu pour former une équerre, dont le bout horifontal n porte la virole p, qui fait reffort, dans laquelle on fait mouvoir le canon O, garni de même que celuy du Microfcope précedent.

Les portes-lentilles, les portes-objets, les portes-pincettes, &c. s'executent de même qu'ils font reprefentez dans les Planches du premier Microfcope univerfel; & les ufages de toutes ces pieces doivent être icy les mêmes, c'eft pourquoy nous n'en parlerons pas.

CHAPITRE XVII.

Explication d'un troifiéme & dernier Microfcope nouveau & univerfel.

JE vais finir la premiere Partie de ce Livre, par l'explication d'un troifiéme Microfcope nouveau, & un peu plus univerfel que le précedent, où nous n'avons employé que des têtarts pour faire voir la circulation du fang; au lieu que dans celuy - cy on y pourra ajuster des poissons de plusieurs especes, de differentes longueurs , & de diverses grosseurs. Et parce qu'il a d'ailleurs tous les avantages du precedent, on l'y doit preferer ; mais comme il contient beaucoup de pieces qui ont un grand rapport à celles de ce Microscope-là , & qu'elles ont été expliquées dans le Chapitre precedent, nous ne devons presque parler icy que de celles qui en sont differentes. Et afin d'abreger cette description autant que nous le pourrons , nous avertissons que les grosses lettres qui se voyent sur les parties de ce Microscope, representé en la premiere Figure de la Planche 20 , servent de renvoy aux petites lettres de même nom , qui sont sur les mêmes parties du profil de ce Microscope, Figure 2 ; afin que par ce moyen on puisse avoir une intelligence plus parfaite de la construction & des usages de toute cette machine. Mais parce que les proportions de la hauteur , de la largeur, & de l'épaisseur du corps de ce Microscope , dependent de la longueur , de la largeur & de l'épaisseur des poissons , dans la queuë desquels on voudra voir circuler le sang ; cela fait qu'on ne peut déterminer toutes ces choses qu'à peu près , & en donner des mesures qui répondent à celles des animaux dont le choix est plus convenable ; & d'autant que les petits poissons ont la queuë plus mince & plus transparente que n'est celle des gros, il les y faut preferer , & réduire la grandeur des parties du Microscope dans le moindre volume qu'il sera possible , afin d'en faciliter le transport.

Pour cet effet, nous avons jugé à propos de donner environ huit pouces de hauteur à toute la machine ; mais cette Planche n'en ayant pas assez pour la contenir toute entiere, nous avons résolu d'en marquer toutes les dimensions par des mesures exactes , afin que sur ce détail on la puisse facilement executer. Ainsi nous dirons que le corps du Microscope est fait de laiton ; que sa hauteur A B est divisée en deux parties ; que la poignée C D a quatre pouces de hauteur ; que sa largeur F F est de vingt lignes , & son épaisseur G H de treize ; que cette poignée est creuse & de figure cilindrique un peu applatie , en sorte que ses extrémitez sont devenuës ovales, demeurans dans les mêmes proportions cy-dessus marquées.

La seconde partie superieure **A I**, est faite à peu près comme un parallelepipede rectangle, dont la hauteur a vingt-sept lignes; la largeur par le bas, tant du devant que du derriere, est de seize lignes, & par le haut des mêmes côtez de dix-huit; & que chacun des autres plus petits côtez n'a que dix lignes.

Cette même partie **A I** est inégalement divisée en deux autres; celle de dessous a seize lignes, & celle de dessus onze: les deux côtez de la premiere partie qui touchent la poignée, sont ouverts; & ceux de la seconde, qui répondent immédiatement au-dessus, sont fermez.

A peu près vers le milieu de la partie superieure du devant, & du derriere du corps du Microscope, on y a attaché deux plattes-bandes marquées l l, dans le profil Figure 2, qui en occupent toute la largeur, & dont les extrémitez sont entaillées pour servir de coulisse; & au milieu de la platte-bande du derriere du Microscope, on y a soudé une vis m d'environ un pouce de longueur, de deux lignes de diametre, & d'un pas assez gros.

Maintenant dans les entailles des deux pieces à coulisses dont on a parlé, on y fait entrer les côtez creux d'une double équerre o o, dont la concavité est faite en forme d'un quarré long.

Cette double équerre o o entre à coulisse par le devant du Microscope, & ses extrémitez posterieures, qui sont faites en tenons percez, reçoivent une piece de laiton platte marquée p p, qui est retenuë par deux goupilles; & il faut remarquer 1°. que la vis m dont nous venons de parler traverse librement le milieu de cette piece de laiton; 2°. Que cette piece de laiton jointe à la double équerre forment un châssis quarré qui environne le corps du Microscope, & qui pourra être mû en avant & en arriere, pour servir aux usages dont on parlera cy-après. Et enfin qu'au derriere du corps de ce Microscope on y a attaché un ressort d'acier marqué q, Q, dans la seconde & troisiéme Figure, d'environ trois pouces de longueur & de huit lignes de largeur, dont l'effet est de

pouſſer le châſſis en arriere ; & ayant monté une rouë dentelée r r ſur cette vis m , dont le diametre excede un peu les
côtez de la double équerre, elle ſervira à pouſſer le châſſis
d'un ſens oppoſé à celuy du reſſort marqué Q.

Dans les deux côtez creux des pieces à couliſſes , & par le
devant du corps du Microſcope , on fait entrer deux lames
d'acier s s , aux extrémitez deſquelles eſt rivée une piece
platte marquée T , t , Figure 1. & 2 , Planche 20. recourbée
en double équerre , comme on le voit dans le profil de la ſeconde Figure , & dans celuy de la cinquiéme , Planche 21.

Le haut de cette partie platte, ainſi recourbée , eſt compoſé de pieces toutes ſemblables à celles du haut du Microſcope précedent ; & ces pieces doivent avoir icy & là à peu
près les mêmes proportions & les mêmes uſages.

On voit paroître au-deſſous des lettres V , V , le haut de
deux reſſorts d'acier , dont les extrémitez inferieures ſont attachées interieurement au corps du Microſcope , par le
moyen de deux vis dont les têtes paroiſſent en X X , & ces
reſſorts ſont retenus fermement en la ſituation qu'on les voit
par deux petits tenons, dont les bouts paroiſſent quelque peu
plus bas que ne ſont les têtes de ces vis.

Au deſſus , & au derriere de la partie ſuperieure de tout le
corps du Microſcope , on y a pratiqué , dans le milieu de ſa
longueur & de ſon épaiſſeur , une cavité reguliere d'environ Planche 20.
dix lignes de profondeur , de huit lignes de longueur , & d'un Figure 2.
peu moins d'une ligne d'épaiſſeur , pour y faire entrer la
queuë & d'une virole 1. qui fait reſſort , & dans laquelle on
introduit le canon 2, garni de diaphragmes.

La troiſiéme Figure de la 21. Planche, repreſente le Microſcope vû par derriere , & dans une élevation géometrale , où l'on peut voir la hauteur de la poignée I B couverte
de chagrin , le grand reſſort d'acier marqué Q, la vis qui
l'attache à peu près au milieu de cette poignée , la rouë dentelée R , montée ſur la vis M qui en traverſe le milieu ; le
reſte du corps du Microſcope , le derriere du canon garni
d'un diaphragme , & d'une virole qui le retient ſur le bord
de ce canon ; & enfin une petite partie de tout ce qui ſe voit
repreſenté au-deſſous de la quatriéme Fig. Planche 21.

I iij

Cette quatriéme Figure reprefente une machine compo-fée d'un porte-canon z z , concave d'un côté & convexe de l'autre : on voit au milieu un petit anneau marqué & & , que l'on a refervé de part & d'autre de la même piece dont le canal eft fait , fur le milieu duquel on a attaché un reffort d'acier trempé marqué I, qui fe voit terminé en Y Y , dont les extrémitez font recourbées d'un fens contraire à celuy du canal de laiton marqué z z qui luy répond , afin que ces deux corps ainfi figurez concourent enfemble à retenir les tuyaux de verre , d'argent ou de laiton , gros & menus , dans la ca-vité defquels on introduira les poiffons qu'on y voudra mettre.

La partie fuperieure z z , de ce porte-canon , eft faite de laiton mince , & elle eft de la même grandeur & de la même figure que le deffein la reprefente. On y voit en haut & au milieu une ouverture en forme d'un quarré long , fur laquelle on pouffe à couliffe un verre plan de même figure & de peu d'épaiffeur , mais un peu plus grand , taillé en bifeaux tout le long de fes plus grands côtez.

Enfin la Figure 5 , qui eft au bas de la Planche 21 , eft le profil d'une piece qui tient à la platte-bande T , Fig. 1. Plan-che 20 , recourbée en double équerre , & fur le devant de laquelle on voit deux doubles refforts d'inégales largeur & hauteur , derriere lefquels on introduit le porte-lentille , & la piece qui doit fervir à foutenir un petit Microfcope à deux ou trois verres convexes des deux côtez , comme il a été ex-pliqué dans l'ufage de l'un & de l'autre des deux Microfco-pes précedens.

Outre les pieces dont je viens de parler , qui accompa-gnent celuy-cy , on doit encore l'affortir d'un porte-pincet-te , d'un porte-tétart , d'un porte-objet à couliffe , pour y introduire des verres taillez diverfement , & d'autres portes-objets , qui doivent fervir à des ufages differens , & dont il a été parlé ailleurs affez au long , pour n'avoir pas befoin d'une plus ample explication.

J'avertiray feulement que la curiofité & le defir de rendre cet Ouvrage autant parfait qu'il m'a été poffible de le faire , m'ont engagez à rechercher les moyens de fatisfaire pleine-

ment ceux qui voudront ſçavoir ſi le ſang circule d'une même maniere dans des poiſſons d'une même eſpece ; s'il ſe
meut differemment dans ceux qui ſont de diverſes natures ;
s'il va plus vîte dans les vaiſſeaux des uns que dans ceux des
autres ; s'il y eſt plus ou moins rouge ; ſi les globules du ſang
qui paſſent d'une artere dans une veine, ſe diviſent en d'autres globules plus petits ; ſi toute la maſſe du ſang eſt uniforme, ou ſi on la voit compoſée de parties héthérogenes ; ſi
les arteres & les veines ne ſont que des tuyaux recourbez,
comme les ſyphons ; ſi l'on voit le ſang s'arrêter dans quelques vaiſſeaux d'un même poiſſon, pendant que ſon mouvement ſe continuë en d'autres ; ſi tout le ſang d'un petit poiſſon, ou de quelque autre animal, comme d'une mitte de
ſerin de Canarie, peut ceſſer de ſe mouvoir pour quelque
tems ſeulement ; s'il eſt plus épais en de certains poiſſons
qu'en d'autres ; pourquoy il paroît blanc en quelques-uns, &
rouge en d'autres, &c. C'a donc été pour ſatisfaire ceux qui
nous font l'honneur de nous propoſer de ſemblables queſ-
tions, & pour faciliter la réſolution d'un nombre preſque
infini d'autres, qui rendent la Phyſique tres-utile & tres-
agréable, que j'ay fait conſtruire ce troiſiéme Microſcope
univerſel, dans lequel on pourra facilement appliquer quand
on voudra, & durant toute l'année, tantôt des tétarts ou
chabots, tantôt de petites anguilles, quelquefois des lamproyes, d'autres fois de petites tanches ou des carpes, dans
la queuë deſquelles on aura le plaiſir d'obſerver, comme on
le va dire, à la lumiere du jour ou à celle d'une chandelle,
toutes les choſes dont je viens de parler. Et avec ce ſeul Microſcope, accompagné des pieces qui doivent l'aſſortir, on
pourra auſſi faire toutes les experiences dont les deux précedens Microſcopes ſont capables.

CHAPITRE XVIII.

*Comment on doit ajuſter une Lamproye, une Anguille, ou un té-
tart, dans un tuyau de verre, d'argent ou de laiton. Comment
on applique ces tuyaux dans la machine repreſentée en la Planche 21. Fig. 4. Et enfin comment cette même machine doit être
placée dans la capacité du corps du Microſcope.*

POur cet effet prenez un de ces tuyaux, qui ſoit un peu
plus court que la lamproye, ou l'anguille que l'on y
voudra faire entrer, & tellement conſtruit, que l'un de ſes
bouts ſoit taillé à peu près comme celuy d'une plume à écrire, pendant que l'autre bout du même tuyau ſe terminera
en pointe un peu émouſſée & percée, afin que l'animal qu'on
y fera entrer y puiſſe facilement reſpirer. Il faut obſerver
que le tuyau dans lequel on fera entrer le poiſſon ne doit
pas être trop grand, parce qu'il en pourroit ſortir de luy-
même, après l'y avoir fait deſcendre, en commençant par
la tête.

Cela ſuppoſé, arrêtez la queuë de l'animal après l'avoir
fait ſurpaſſer de quelques lignes, le bout d'en-haut du tuyau
taillé obliquement, avec un peu de papier ou de linge, que
vous ferez entrer dans ce tuyau ſans beaucoup preſſer la
queuë de l'animal, qu'il faudra faire répondre ſur le verre à
couliſſe; enſuite de quoy il n'y aura plus qu'à mettre cette
machine, ainſi préparée, dans l'eſpace vuide du corps de ce
Microſcope, en l'y arrêtant du ſens qu'il faut, derriere les
reſſorts d'acier que l'on voit repreſentez en V V, de la premiere Fig. Planche 20. faiſant encore répondre le bout de la
queuë de ce poiſſon vis-à-vis la lentille que l'on mettra facilement au point de diſtinction, par le moyen de la grande
roüe à dents; alors vous aurez le plaiſir d'obſerver à loiſir le
mouvement du ſang à la lumiere du jour, ou à celle d'une
chandelle.

Je ne devrois rien dire icy de la préparation du tétart,
parce que j'en ay parlé dans l'uſage du premier Microſcope
universel,

univerſel, ni de pluſieurs autres choſes qui ont été expliquées ailleurs ; cependant je me ſens obligé de parler d'une
nouvelle maniere de les ſaiſir avec beaucoup plus de facilité
qu'on ne peut faire en ſuivant la méthode precedente. Elle
conſiſte 1°. à prendre un tuyau de verre comme a b, qui ſoit
un peu plus long que n'eſt le poiſſon qu'on y voudra faire entrer, pour tailler l'extrémité b, ainſi que cela ſe voit en la
Fig. 6. de la 21. Planche.

2°. De faire un autre tuyau c d e, de carton ou de papier,
qui puiſſe entrer par le bout a du premier tuyau, afin de ſervir à pouſſer l'animal qu'on y mettra juſqu'au point où il
doit être, pour que ſa queuë réponde au milieu de la largeur
du verre dont il a été parlé ci-devant, afin d'y obſerver le
ſang en mouvement. Ces deux tuyaux doivent être ouverts
d'un bout à l'autre ; afin de donner moyen au poiſſon, qui
ſera placé dans le premier a b, d'y pouvoir reſpirer facilement.

Pour l'arrêter dans ce tuyau de verre, on peut tres-utilement ſe ſervir d'un petit morceau de linge fin & moüillé,
une partie duquel doit être dans le tuyau, l'autre partie s'y
mettra auſſi après y avoir placé l'animal : enfin ce tuyau étant
ainſi préparé, on le fait entrer, comme on l'a dit, dans la
machine qui eſt au-deſſous de la Figure 4. Planche 21. Et
s'il arrivoit encore qu'aprés avoir ainſi ſaiſi l'animal, il vint
à ſeparer ſa queuë du verre ſur lequel on l'avoit ajuſtée, on
l'y fixeroit une ſeconde fois mieux qu'elle n'étoit, en appliquant ſur ſa partie la plus épaiſſe une petite bande étroite de
linge fin moüillé, afin qu'elle s'y attache, & qu'elle y faſſe
demeurer ſtable cette partie du poiſſon, durant le tems des
obſervations qui s'en feront.

Cette nouvelle méthode de fixer les lamproyes, les anguilles, les tétarts, &c. dont la groſſeur ne ſurpaſſe pas le
diametre interieur des tuyaux de verre qu'on peut faire entrer dans la machine dont je viens de parler, eſt préferable
à celle dont on s'eſt ſervi juſqu'à preſent, parce qu'elle évite
des défauts conſiderables, qui naiſſent de l'impoſſibilité où
l'on ſe trouve d'avoir des tuyaux de verre aſſez minces, aſſez

tranfparens , & qui foient d'ailleurs exempts des filets qu'on y voit étendus d'un bout à l'autre de leur longueur , ce qui empêche le bon effet des meilleurs Microfcopes.

Il ne refte plus qu'à dire comment & furquoy il faut faifir les poiffons , dont la groffeur ne permet pas de mettre en ufage la machine qui eft reprefentée au-deffous de la Figure 4. Planche 21. Pour cet effet, il n'y a qu'à préparer un porté-objet de laiton , dont la hauteur & la largeur égalent celles des poiffons qu'on y doit appliquer : pour le faire , tirez fur un carton fin , ou fur du laiton qui foit environ de l'épaiffeur de deux cartes à joüer , une ligne droite , longue de deux pouces huit lignes , à l'une des extrémitez de laquelle vous éleverez perpendiculairement une autre ligne droite d'un pouce , afin que par ce moyen vous puiffiez achever un quarré long , duquel vous diviferez le plus grand côté fuperieur en deux parties égales , prenant enfuite de part & d'autre de ce milieu deux longueurs chacune de fept lignes , & fur leur extrémitez vous y éleverez deux perpendiculaires , chacune de deux pouces fix lignes , pour terminer la hauteur des montans du porte-objet : après cela vous prendrez à droit & à gauche de ces montans une largeur de quatre lignes au plus , & par les points qui la termine vous tirerez deux autres lignes paralleles aux deux précedentes.

Divifez enfuite en deux parties inégales toute la hauteur de l'efpace qui fe trouve entre ces deux montans , qu'il faudra vuider pour en ôter le fuperflu , donnant un pouce à celle d'en-bas pour la hauteur d'un morceau de glace des plus tranfparens qu'on pourra trouver , lequel étant taillé en bifeaux à droit & à gauche, on le fera entrer à couliffe dans deux rainures bien faites qui feront pratiquées dans l'épaiffeur des montans de ce porte-objet ; & fur ce verre on defcendra encore à couliffe une piece de laiton d'environ quatre pouces fix lignes de longueur , dont la partie qui doit toucher le fommet du morceau de glace, & fe terminer aux extrémitez des montans , fera plane , & le refte un peu creux , & plus large que la partie qui eft au-deffous ; afin que le corps de chaque poiffon qui eft convexe , & qu'il y

faudra coucher de toute fa longueur, s'y puiffe mieux ajufter qu'il ne feroit fi cette piece étoit platte dans toute fon
étenduë.

En ôtant aprés cela le fuperflu qui fe trouve à droit & à
gauche de cette nouvelle machine, on aura le porte-objet,
dont les montans feront plus fermes fi l'on referve affez de
matiere par le bas pour les terminer par deux doucines, ac-
compagnées de filets quarrez, qui leur ferviront comme de
bafes, & d'un couronnement des plus gracieux qu'on puiffe
faire.

On voit bien que la hauteur & la largeur de toute cette
machine, doivent être proportionnées à celles des poiffons
qu'on y veut faifir, & que moins ils auront d'âge, plus la
queuë en fera mince & tranfparente, ce qui donnera lieu d'y
obferver plus agréablement la circulation du fang, que l'on
ne feroit, fi la queuë de ces poiffons étoit plus épaiffe, dont
la raifon eft fi évidente que chacun la peut appercevoir, pour
peu d'attention qu'on y donne.

Cela fuppofé, lorfqu'il s'agira d'appliquer fur cette machine une tanche, une carpe, un brocheton, &c. vous n'aurez qu'à y coucher un de ces poiffons tout de fon long, en
faifant répondre fa queuë fur le milieu du morceau de glace, jettant enfuite fur la longueur de tout fon corps une petite bande de mouffeline, moüillée ou non; puis arrêtant le
tout avec un petit ruban étroit, vous tranfporterez le porte-
objet ainfi chargé entre les deux refforts d'acier qui fe voyent
au-deffous de V V, Figure premiere de la vingtiéme Planche, pour faire vos obfervations avec des lentilles qui leur
conviennent.

Et parce que cette explication pourroit paroître trop difficile à comprendre, n'étant pas accompagnée d'un deffein
qui reprefente la machine dont je parle; j'ay jugé à propos
de la reprefenter icy telle que je l'ay décrite, & d'ajoûter en- Planche 22.
core que A B C, eft le porte-objet de laiton.

B C, les montans à rainures.

D, le morceau de glace taillé en bifeaux, pour entrer à
couliffe dans les rainures des montans.

F E, eft une feule piece de laiton qui eft plane depuis F

jufqu'en C, & concave depuis C jufqu'en E ; & que c'eft tout
le long de cette derniere piece que l'on applique les poiffons,
en les y faififfant la tête vers E , & la queuë étenduë fur le
milieu du verre marqué D.

Je crois devoir encore dire comment on pourra conferver
durant plufieurs mois les poiffons dont je viens de parler ,
afin d'en avoir toujours de plufieurs fortes, foit en efté, foit
en hyver, pour fervir à faire voir la maniere dont le fang circule dans les vaiffeaux des uns & dans ceux des autres.

Les jattes de bois un peu profondes feront tres - propres
pour y conferver les têtarts, en leur donnant tous les jours de
l'eau nouvelle , de riviere ou de fontaine. Et pour faciliter
ce changement fans les toucher, on n'aura qu'à verfer tout
ce qui fera dans la jatte, dans une paffoire de terre vernif-
fée ; afin que l'eau s'étant feparée des têtarts , on les puiffe
remettre dans leur vaiffeau avec de l'eau nouvelle , & quelques petits morceaux de petit pain. J'en ay gardé ainfi dans
mon Cabinet depuis le commencement de l'efté dernier jufqu'à prefent 12. Fevrier 1718. que j'avois fait pêcher dans les
baffins des Thuilleries , & dans celuy du Jardin qui eft au
Palais de Luxembourg.

Les lamproyes ne font pas fi communes que les têtarts, il
les faut faire pêcher affez loin de cette Ville, & les conferver dans des vaiffeaux de terre ou de grais , où l'on met de
l'eau commune & du fable de riviere, dans lequel elles s'en-
foncent & s'y cachent pour quelque tems. Et quoy qu'on foit
obligé de changer d'eau affez fouvent, parce qu'elles y trouvent leur nourriture, on ne l'eft pas d'en faire de même du
fable , qu'il fuffira de laver une fois ou deux durant huit jours.

Les petites tanches, les carpes & les brochetons, fe peuvent conferver affez de tems, en les mettant dans un vaiffeau qui leur conviennent, avec autant d'eau de riviere & de
pain qu'il en faudra pour les nourrir durant deux ou trois
jours.

Fin de la premiere Partie.

DESCRIPTION
ET USAGE
DES
MICROSCOPES.

SECONDE PARTIE.

Tome II. Part. II.   (A)

DESCRIPTION
ET USAGE
DES
MICROSCOPES.

✳✳

SECONDE PARTIE.

CHAPITRE XIX.

APRÉS être entré dans un aussi grand détail sur la construction & sur la monture des Microscopes, que je l'ai fait dans les chapitres précédens, je me contenterai dans celui-ci & les suivans, de donner la proportion des verres qui entrent dans la composition des nouveaux Microscopes dont je parle, croyant en avoir assez dit pour que les Curieux puissent les faire exécuter.

(*A ij*)

Defcription & ufage de deux nouveaux Microfcopes univerfels à plufieurs verres, & de peu de longueur.

Planche 23.

Le premier Microfcope, qui n'a environ que deux pouces de longueur, eft vû repréfenté tout entier dans la vingt-troifieme Planche de cette feconde Partie, au-deffous de la lettre *A*, de la longueur & de la groffeur qu'il a été exécuté. Sa conftruction eft telle, qu'on le peut allonger d'un pouce ; fon corps *C* eft un petit tuyau couvert de chagrin, & couronné d'une piece d'ébene repréfentée entre les lettres *bb*. Le bas de ce tuyau couvert de chagrin, eft monté fur une feconde piece auffi d'ébene, marquée *e*, au bas de laquelle on voit la bonnette marquée *f*.

La feconde figure qui eft repréfentée au-deffous de la lettre *B*, eft le profil de ce Microfcope fait par la fection d'un plan, qui paffant par la longueur de fon axe, le divife en deux parties égales pour en faire voir le dedans, ou l'on peut remarquer les épaiffeurs des tuyaux *cc* & *dd* ; celles des trois verres *g*, *h*, *i*, qui font partie de fa compofition, & les diftances qui fe trouvent entre ces mêmes verres.

La troifieme figure qui eft au-deffous de la lettre *L*, eft le profil de toutes les parties qui compofent le Microfcope, pofées de fuite les unes au-deffus des autres, pour faire comprendre dans le détail comment toutes ces pieces s'emboîtent l'une dans l'autre.

bb, eft la piece de l'œil, dans laquelle j'ai fait un écrou : *K* eft un petit cylindre de bois creufé dans toute fa longueur, qui a deux vis à fes extrémités, pour y monter la piece de l'œil *bb*, tantôt d'un côté & tantôt de l'autre, fuivant les ufages que l'on en pourra faire.

g, *h*, font deux verres de figure lenticulaire, taillés d'inégales convexités, afin que leurs foyers foient inégaux.

m, eft une piece de bois que l'on monte à vis au bas du cylindre *K*, pour y arrêter le verre *h*.

n, eft le profil du tuyau qui reçoit le petit cylindre *K*, & qui fe met dans le tuyau couvert de chagrin, pour fervir à allonger le Microfcope d'environ un pouce, quand on juge à-propos d'augmenter la grandeur apparente des objets.

o, eſt le profil du tuyau couvert de chagrin, dans lequel on fait entrer le haut de la piece d'ébene marquée des lettres *e p e*, qui ſe voit immédiatement au-deſſous, portant la bonnette *f*, que l'on y monte à vis, après y avoir mis une lentille qui eſt marquée par la lettre *i*.

Cette piece *e p e* doit être collée au bas du tuyau marqué *o*.

Comme on eſt obligé d'employer des lentilles de différens foyers, il faut auſſi des bonnettes qui leur conviennent pour y monter ces lentilles l'une après l'autre, afin de rendre l'univerſalité de ce Microſcope d'une plus grande étendue qu'il ne ſeroit autrement. Les lentilles les plus convexes, comme ſont celles d'une ligne ou d'une demi-ligne de foyer, y ſeront facilement arrêtées par le moyen d'un petit tuyau cylindrique marqué *f*, ouvert dans toute ſa longueur, & dont les bords appuyant ſur la lentille, l'arrêteront dans le fond de la bonnette de maniere qu'elle s'y placera, enſorte que ſon axe concourt avec les axes des autres verres.

Proportions des verres de ce Microſcope.

L'oculaire marqué *g*, monté dans le petit cylindre *K*, n'a que neuf lignes de foyer : le verre *h* en a trente. La diſtance de la convexité extérieure de l'oculaire *g* à celle de l'oculaire *h*, eſt d'environ ſept lignes. Cette diſtance peut être plus grande ou plus petite ; ſi elle eſt plus grande, le Microſcope fera voir les objets plus petits & plus clairs : au contraire ſi elle eſt plus petite, l'objet paroîtra plus grand & moins clair ; & s'il y a quelques défectuoſités apparentes dans le verre du milieu, la grande proximité les fera diſparoître. Par ces défectuoſités je n'entends pas celles qui pourroient provenir d'une mauvaiſe forme qu'on auroit fait prendre à ces verres en les taillant, mais ſeulement de quelques petites raies qui s'y ſeroient faites en les poliſſant.

Des uſages de ce Microſcope.

Premierement, cette petite machine à trois verres étant montée d'une lentille objective d'environ une ligne de foyer, ſervira à faire voir les animaux d'une liqueur deux fois plus longs & deux fois plus larges qu'on ne les verroit avec cette

feule lentille : on les verra auffi ayant quatre fois plus de furface, & huit fois plus de folidité.

2°. Le champ que nous découvrons avec ce petit Microfcope eft d'une étendue fi vafte, que l'œil a de la peine à
l'appercevoir toute entiere ; ce qui fait que les animaux des
liqueurs y nageant, l'œil les y apperçoit avec plus de fatis-
faction qu'il ne feroit s'ils étoient vûs à l'ordinaire par une
feule lentille d'environ une ligne de foyer.

Cette grande & vafte étendue qu'on nomme *le champ du
Microfcope*, furprend tous ceux qui ont un peu de connoiffance de l'effet des Microfcopes ordinaires, qui font compo-
fés de trois verres, particulierement fi l'on compare la petiteffe de l'un avec la grandeur des autres ; & ce qui mérite
d'être obfervé, eft que toute cette grande furface eft vûe par
le peu de lumiere qui traverfe le petit trou qui eft au bout
de la bonnette, qui n'a environ qu'un quart de ligne de diametre. Cette petite ouverture que je fais à cette bonnette,
eft fuffifante pour des lentilles qui ont depuis un quart de
ligne de foyer jufqu'à une ligne ; mais elle ne l'eft pas pour
celles qui font au-deffus de cette longueur.

3°. Les anguilles du vinaigre font vûes quelquefois de la
groffeur du petit doigt, particulierement lorfque la liqueur
acheve de s'évaporer : c'eft dans ce temps-là qu'on peut remarquer quelques petites anguilles en mouvement dans le
corps de leurs meres, cherchant une iffue pour en fortir.

4°. Les cheveux y paroiffent plus gros que les petites anguilles du vinaigre ; & fi on les regarde par leurs bouts bien
éclairés, on pourra découvrir les cavités & l'épaiffeur de
ces efpeces de tuyaux, qui paroiffent d'une groffeur éton-
nante. On avertit feulement que les cheveux blonds & fé-
parés de la tête depuis long-temps, font plus propres à ma-
nifefter leurs cavités, que ceux qui font d'une autre couleur
& nouvellement coupés.

5°. Le petit tuyau cylindrique *K*, qui entre dans celui
qui eft marqué *N*, du profil qui eft fous la lettre *L*, s'y pouvant retourner bout pour bout, & les deux verres étant de
différens foyers, fourniffent un autre Microfcope qui a les
mêmes avantages que le premier dont je viens de parler ;
mais les objets y paroiffent plus ou moins éclairés.

6°. Si les deux verres qui font dans le petit tuyau cylindrique *K*, étoient d'égales convexités, enforte que le foyer de l'un fût de même longueur que le foyer de l'autre, ces deux verres produiroient un bon effet ; mais l'univerfalité du Microfcope n'en feroit pas fi grande qu'elle eft.

7°. En ôtant la lentille objective d'une ligne de foyer, & mettant en fa place d'autres lentilles l'une après l'autre, qui foient de foyers inégaux & plus longs, on aura le plaifir de pouvoir obferver tous les autres petits corps.

8°. Si l'on ôte le verre du milieu de ce Microfcope à trois verres, on aura un autre Microfcope à deux verres.

9°. En remettant en place la lentille que l'on a ôtée, & fupprimant l'autre, l'on aura encore un autre Microfcope à deux verres, qui differera du précédent en ce qu'il fera voir les objets plus ou moins grands & plus ou moins clairs.

10°. Le petit tuyau cylindrique *K* étant féparé de fon coulant *N*, pourra fervir de deux autres Microfcopes à deux verres ; & en le montant fur notre Microfcope univerfel repréfenté en la vingtieme Planche, par le moyen d'un porte-lentille fait exprès, on pourra obferver un très-grand nombre d'objets vivans ou morts, attachés à la pincette ou autrement, dans chacun defquels on verra une plus grande étendue qu'on ne feroit avec une feule lentille.

11°. Les cinq ou fix lentilles dont ce Microfcope doit être afforti, étant montées chacune à part dans autant de porte-lentilles de laiton, pourront tenir lieu d'une partie de celles que l'on applique ordinairement au Microfcope univerfel, & par ce moyen en diminuer le prix.

Ce n'eft pas une néceffité d'avoir un Microfcope univerfel pour fervir de pié au petit Microfcope dont je parle, on lui en peut conftruire un très-fimple, d'un prix médiocre, & l'affortir des pieces qui font néceffaires pour le rendre commode, & propre à exécuter toutes les expériences que l'on voudra faire fur les petits corps durs ou liquides, vivans ou morts ; & examiner les divers mouvemens du fang dans les moindres vaiffeaux d'un grand nombre d'animaux de diverfes efpeces, & y remarquer des chofes dignes d'admiration.

Ayant trouvé des avantages confidérables dans le peu de

longueur de ce Microfcope, j'ai effayé d'en faire un fecond qui fe voit repréfenté en la quatrieme figure, Planche 23, qui fût encore plus petit en confervant les mêmes avantages ; de forte que n'ayant que dix-huit lignes de longueur entre l'oculaire & la lentille objective, il ne laiffe pas de fatisfaire pleinement les connoiffeurs.

J'ai voulu pouffer la petiteffe de ce petit Microfcope encore plus loin, & j'ai trouvé qu'on en pouvoit faire plufieurs à trois verres de différens foyers, pour fervir feulement à l'examen de ce qui fe trouve de plus beau dans les infufions des plantes & dans les eaux croupies. Ce dernier petit Microfcope eft fi facile à faire, fi utile & de fi peu de dépenfe, que j'ofe me promettre qu'il fera agréablement reçû du Public : l'application qu'on en pourra faire à une nouvelle monture, lui fera peut-être mériter de tenir le premier rang entre tous ceux qui ont été inventés jufqu'à préfent. En attendant cette nouveauté, je donne ici les proportions de deux que j'ai exécutés. L'oculaire marqué par la lettre *q*, a douze lignes de foyer ; le verre du milieu marqué *r*, n'en a que dix ; & la lentille qui eft à côté de la lettre *s*, n'a qu'une ligne de foyer : on pourra lui en donner quelque peu davantage, fi l'on veut avoir plus de lumiere ou de clarté pour examiner les animaux des liqueurs ; & lorfqu'il s'agira d'obferver d'autres objets, on pourra employer des lentilles objectives de trois, de quatre, de cinq & de fix lignes de foyer. La diftance des deux verres *q*, *r*, marque leur éloignement.

Figure 4. (margin)

Proportions des verres du troifieme Microfcope repréfenté dans le profil de la cinquieme figure.

Figure 5. (margin)

L'oculaire de ce Microfcope a fix lignes de foyer ; il eft marqué par la lettre *s*. On avertit que la diftance de l'œil à ce verre eft très-petite.

Le verre du milieu n'a que quatre lignes de foyer : il eft marqué de la lettre *t*. Ces deux verres doivent être très-proches l'un de l'autre.

Et la lentille objective qui fe voit à côté de la lettre *u*, n'aura qu'une ligne de foyer, à la place de laquelle on pourra en mettre d'une ligne & demie, ou de deux au plus.

Il eft

Il eſt facile de comprendre que ce dernier Microſcope ne pourra ſervir utilement que pour examiner des corps tranſparens, puiſqu'il reſteroit trop peu d'eſpace entre les corps opaques qu'on y placeroit, & la lentille objeƈtive marquée *u*, pour que la lumiere y pût tomber & s'en réfléchir en aſſez grande quantité ; & qu'après la perte qui s'en feroit faite à la rencontre des verres du Microſcope, il en arrive encore aſſez dans l'œil du Speƈtateur, pour y faire une impreſſion ſuffiſamment ſenſible.

CHAPITRE XX.

Deſcription & uſage d'un nouveau Microſcope univerſel,
à deux, à trois & à quatre verres.

L'OCULAIRE que l'on voit en *A*, peut avoir environ ſeize lignes de foyer ; ſa diſtance à l'œil eſt à-peu-près de dix lignes.

Le verre du milieu qui ſe voit en *B*, Pl. 24. figure 1. a trente lignes de foyer ; ſa diſtance à l'oculaire eſt de treize à quatorze lignes. Ce verre eſt monté dans un bout de tuyau qui entre dans celui qui contient l'oculaire, en ſorte qu'on peut l'en approcher ou l'en éloigner, pour l'arrêter dans l'endroit où l'on le jugera capable de produire le meilleur effet qu'il ſera poſſible.

La lentille qui ſe voit en *C*, peut être de trois, quatre ou cinq lignes de foyer ; ſa diſtance au verre du milieu eſt d'environ quatre pouces neuf lignes : & parce que les deux verres *A*, *B*, ſont montés dans un tuyau particulier qui entre dans un plus gros & plus long, ces deux verres peuvent être approchés plus ou moins de la lentille *C*, pour faire paroître l'objet plus ou moins gros.

Il y a deux autres petits verres repréſentés en *D*, Pl. 24. fig. 2. qui ſont montés dans une petite piece d'ébene, pour ſervir comme d'un ſeul oculaire, qui ſe monte quand on veut en la place de celui qui eſt en *A*. Ce Microſcope eſt bon à deux verres, à trois, à quatre, à cinq, & ſes effets ſont différens, selon les diverses combinaisons qui seront faites des mêmes verres dans les mêmes lieux qui leur seront destinés.

1°. En supprimant le verre du milieu & les deux oculaires qui tiennent ensemble, on aura un Microscope à deux verres qui fera paroître les objets renversés.

2°. Si l'on tient seulement d'une main les deux oculaires qui sont attachés ensemble, on aura un autre Microscope nouveau qui fera paroître les objets dans une situation droite, même de deux grandeurs inégales. Avec ce petit Microscope, qui n'a tout au plus que quatre ~~lignes~~ de hauteur, & environ huit lignes de diametre, on fait des expériences très-curieuses, & en très-grand nombre.

3°. Maintenant si vous remettez en sa place le verre du milieu, vous aurez un Microscope à trois verres, qui servira à l'examen des corps opaques & transparens, à la lumiere du jour ou à celle d'une chandelle.

4°. En supprimant le verre du milieu & l'oculaire, puis mettant en la place de ce dernier verre les oculaires qui tiennent ensemble, vous ferez un nouveau Microscope à trois verres, qui fera paroître les objets d'une grosseur extraordinaire, avec un champ beaucoup plus grand que le précédent ; & par ce moyen les animaux des liqueurs paroîtront se mouvoir en nageant dans un lac d'une belle & vaste étendue.

5°. En remettant le verre du milieu en sa place, vous aurez un nouveau Microscope à quatre verres, qui fera voir un champ de dix pouces ou environ de diametre, & les animaux des liqueurs encore plus gros qu'ils n'ont paru, & avec tout autant de distinction qu'il soit possible de voir dans une machine si composée.

6°. Vous ferez deux nouveaux Microscopes l'un après l'autre de cinq verres chacun, en laissant les trois premiers dans les endroits qui leur conviennent, en mettant ensuite sur le tout les deux oculaires attachés ensemble, que l'on retournera pour observer un effet tout nouveau.

7°. Enfin les deux grands verres du milieu étant mis dans ce même lieu l'un sur l'autre, feront avec la lentille un Microscope d'environ quatre pouces de longueur, qui fera un excellent effet. Ces deux verres étant de différens foyers, feront paroître les objets d'inégales groffeurs.

CHAPITRE XXI.

Des avantages qui fe tirent de la proximité de deux Verres d'inégales convexités, appliqués auprès de l'œil.

1°. LE champ que l'on découvre de l'objet que l'on regarde, paroît beaucoup plus grand qu'il ne feroit, fi ces Verres étoient placés à une plus grande diftance l'un de l'autre : mais cette partie de l'objet eft vûe moins claire qu'on ne la verroit, fi ces Verres étoient plus éloignés l'un de l'autre.

2°. La lentille fe trouvant dans ce Microfcope beaucoup plus éloignée de l'objet que ne feroit une feule lentille qui feroit paroître l'objet auffi gros, on évite de la plonger dans la liqueur que l'on obferve ; ce qui eft un avantage confidérable.

3°. En approchant l'un de l'autre les deux oculaires, on évite de faire voir les défauts du Verre du milieu, ce qui n'eft pas une chofe de peu de conféquence.

4°. Cette nouvelle méthode de placer ainfi à très-peu de diftance les deux Verres d'un Microfcope qui en contient trois, a des avantages confidérables par-deffus l'ancienne. D'abord elle raccourcit beaucoup la longueur du Microfcope, dont les plus petits peuvent être utilement appliqués à notre Microfcope univerfel ; on peut par fon moyen obferver tout ce qui fe trouve de plus remarquable dans les infufions des plantes, dans les eaux croupies ; on peut voir dans un grand nombre de poiffons qui fe trouvent nageant dans ces eaux, non-feulement la circulation du fang, que leur petiteffe extraordinaire ne nous permet pas d'y remarquer, mais encore le mouvement particulier d'un liquide blanc & tranfparent, qui, quoique fans globules, peut paffer pour le fang de ces animaux.

5°. Nous trouvons dans la conftruction des Verres de ce

(B ij)

Microfcope un autre avantage confidérable, qui eft qu'ayant très-peu de diametre, ils fe peuvent facilement tailler au tour, en bien moins de temps qu'on ne taille les grands Verres des autres Microfcopes, & par conféquent la dépenfe en eft bien moindre.

6°. D'ailleurs la monture de ces petits Microfcopes coûte très-peu de chofe, au lieu que celle des grands revient à dix fois davantage.

7°. Les oculaires d'en-haut d'un de ces petits Microfcopes étant taillés de différentes convexités, auront leurs foyers de différentes longueurs ; d'où il fuit que chacun de ces Verres étant placé l'un auprès de l'autre du côté de l'œil, le Spectateur aura deux fenfations de groffeurs différentes en la préfence d'un même objet ; ce qui n'eft pas un avantage qu'on doive négliger.

Par exemple, fi le Verre AB, Planche 24. fig. 3. placé du côté de l'œil, n'a que fix lignes de foyer, & que le Verre CD en ait neuf, il eft évident que l'objet apperçû lui paroîtra plus grand qu'il ne feroit fi l'on retournoit la machine de maniere que le Verre CD fût placé du côté de l'œil. Ceux à qui les élémens de l'Optique ne feront pas inconnus, n'auront pas de peine à m'accorder ce que j'avance.

8°. On peut faire un petit Microfcope à trois Verres, qui n'aura au plus que deux pouces de longueur, que l'on pourra appliquer au Microfcope univerfel, en donnant cinq lignes de foyer au Verre oculaire, fept lignes au Verre qui eft tourné du côté de la lentille ; & à cette lentille, depuis deux lignes & demie de foyer jufqu'à trois ou quatre lignes, & même davantage, fi l'on veut voir de gros objets.

Voici d'autres Proportions.

Donnez douze lignes à l'oculaire,
Quatorze lignes au Verre du milieu,
Et fix lignes de diametre à chacun de ces Verres, la lentille peut être depuis trois lignes jufqu'à fix.

Autres Proportions.

Donnez fept lignes de foyer à l'oculaire,
Neuf lignes au Verre du milieu,
Et trois, quatre ou cinq lignes à la lentille,
Cela fera un Microfcope d'environ trois pouces.

CHAPITRE XXII.

Conftruction d'un nouveau Microfcope à deux verres, qui n'a qu'un pouce ou environ de longueur & autant de diametre; par le moyen duquel on pourra voir un objet très-clairement & très-diftinctement dans fa fituation naturelle, & de huit groffeurs différentes, fans être obligé d'augmenter ni diminuer la longueur du corps de ce Microfcope.

POUR le conftruire, prenez deux oculaires plans convexes, l'un de vingt-trois à vingt-quatre lignes de foyer, & l'autre de dix-huit : placez-les dans une petite boîte d'ébene qui foit ouverte des deux côtés, enforte que les convexités fe regardent ; & cette premiere difpofition de verres fera l'office de deux Microfcopes, ou de deux loupes de différens foyers.

Planche 24, fig. 4.

Tournez enfuite ces mêmes verres de façon, qu'étant remis dans la boîte les côtés plats fe regardent, fig. 5. vous aurez deux autres Microfcopes qui feront l'office de deux nouvelles loupes, puifque la diftance d'entre les furfaces planes fera différente de celles des deux convexités fituées comme elles étoient en premier lieu.

Remettez après cela la convexité de l'un des verres en dehors, laiffant l'autre en fa place, figure 6. vous aurez un troifieme Microfcope, ou deux loupes qui feront paroître l'objet d'inégale groffeur, puifque les diftances de leurs furfaces feront différentes de ce qu'elles étoient dans les fituations précédentes.

En fupprimant enfin l'un des deux oculaires, laiffant l'autre où il eft, vous aurez de quoi produire l'effet d'une feule loupe, fig. 7.

Puis ôtant celle-ci de fa place, en mettant l'autre dans la fienne, vous en aurez un autre qui fera un autre effet, puifque fon foyer eft différent de celui de l'autre verre, fig. 8.

Voilà donc un moyen infaillible de faire paroître un objet de huit groffeurs différentes.

J'oubliois d'avertir que la diftance d'entre le repos des deux verres n'a tout au plus que fix lignes, & que cette diftance peut être plus ou moins grande, en obfervant feulement de n'éloigner ces deux verres l'un de l'autre, qu'autant qu'il faut pour que le foyer de l'un fe trouve plus près de l'autre verre, que n'eft la diftance de ce verre-ci à fon foyer.

C'eft-à-dire de faire enforte que l'un des foyers paffe au-delà du foyer de l'autre.

Sur ce fondement l'on pourra faire avec les deux oculaires dont nous venons de parler, tant de Microfcopes que l'on voudra avec d'autres verres de foyers différens, qui auront de femblables propriétés.

Je ne dis rien des autres avantages de ces Microfcopes, l'expérience les fera affez connoître : il fuffit d'avertir feulement que les trois premieres figures font voir la fituation des verres des trois premiers articles, & que les deux autres repréfentent les deux verres qui fervent feuls pour les loupes.

Si les repos ou feuillures qui font dans la boîte ont trop de diametre, il y faudra mettre des diaphragmes dont les ouvertures foient proportionnées aux foyers des oculaires qui feront pofés deffus ; par ce moyen l'objet qu'on voudra examiner, en fera vû plus diftinctement qu'il ne le feroit fans ce fecours.

CHAPITRE XXIII.

Nouvelle méthode pour monter les Microfcopes à canon de verre.

L'EXPÉRIENCE m'ayant fait connoître qu'il étoit difficile de conferver long-temps un Microfcope à canon de verre, fans avoir le chagrin de le trouver caffé au bout de quelques jours, j'ai crû qu'on pouvoit très-utilement en conftruire de cette forte, en évitant le fracas que font les montures ordinaires : en voici la maniere.

Préparez le canon du Microfcope que vous voulez monter, enforte que les deux ouvertures rondes fe trouvent paralleles entr'elles ; collez enfuite une bande de velin au bas de ce canon, d'environ trois à quatre lignes de largeur, qui en faffe le tour entier, faifant enforte qu'une moitié de la largeur de cette bande foit appliquée fur le canon de verre, & l'autre moitié fur l'épaiffeur du bord d'un morceau de glace bien arrondi, pour le faire fervir de fond au canon du Microfcope : faites faire après cela un pié d'ébene, ou de quelqu'autre bois qui foit le plus fec qu'il fera poffible. Le deffus de ce pié doit être creufé, pour y loger feulement l'épaiffeur du morceau de glace qui fervira de bafe au canon.

Pour en faire le couronnement, voici comment il s'y faut prendre. Préparez un cercle de bois bien fec, épais d'environ une ligne : de ce cercle ôtez-en un autre qui ait deux lignes ou environ moins de diametre ; pofez le refte fur la partie fupérieure du canon, & l'y collez, afin que la piece d'ébene qui aura un écrou, fe puiffe coller fur fa furface fupérieure, en n'embraffant feulement que l'épaiffeur de la piece platte qu'on a attachée avec la bande de parchemin. La vis qui doit enchâffer l'oculaire, fe fera à l'ordinaire, & la plus groffe qu'il fera poffible, afin de laiffer une grande ouverture à l'entrée du canon, pour y mettre les objets qu'on y voudra obferver. Il eft facile de juger que ce Microfcope ainfi conftruit, pourra fubfifter très-long-temps, & qu'il fera facile de le nettoyer quand on voudra, tant au-dedans qu'au-dehors, à caufe de la grande ouverture qu'on y aura laiffée libre.

CHAPITRE XXIV.

De combien les Lentilles grossissent.

UN cheveu étant appliqué sur le porte-objet d'un Microscope, & observé avec une des plus petites Lentilles que l'on puisse travailler des deux côtés, nous avons trouvé que son diametre apparent étoit d'environ quinze lignes. Cette grosseur énorme m'a donné occasion de chercher combien il faudroit de ces cheveux placés à côté les uns des autres, pour faire un corps cylindrique de quinze lignes de diametre, & d'autant de hauteur; & j'ai trouvé par le calcul que j'en ai fait, 71583750 lignes.

1°. Pour faire ce calcul j'ai tiré une ligne droite *a b*, de quinze lignes, pour représenter le diametre apparent du cheveu vû au Microscope.

2°. J'ai examiné ensuite combien il falloit d'épaisseurs de cheveux qui fussent à-peu-près d'une même grosseur, pour occuper la longueur d'une ligne, & j'ai trouvé qu'il en falloit environ 30; d'où j'ai conclu qu'en multipliant les 15 lignes *a b* par 30, on auroit 450, nombre des cheveux qu'il faudroit pour occuper toute la longueur *a b* d'un cylindre, que je suppose maintenant avoir la même hauteur.

3°. Pour trouver la circonférence de ce cylindre, duquel *a b* est le diametre, je dis : Si 7 lignes de diametre donnent 22 de circonférence, combien 450, valeur de la ligne *a b* ? le quatrieme terme s'est trouvé être de 1414 lignes. J'ai ensuite multiplié 707, moitié de cette circonférence, par 225, moitié du diametre *a b*, & j'ai trouvé 159075 pour la surface du cercle; laquelle étant multipliée par 450, hauteur du cylindre *a b*, il est venu 71583750 pour la solidité entiere de ce cylindre.

Remarque. Plus une Lentille est convexe, plus son foyer est court; plus le foyer d'une Lentille est court, moins il faut lui donner d'ouverture; moins cette Lentille a d'ouverture, plus l'objet paroît obscur : d'où il suit nécessairement

que

que les Lentilles qui augmentent le plus la grandeur des objets, font celles qui les rendent moins clairs.

Ainfi les Lentilles d'un foyer très-court ne font bonnes
que pour faire voir jufqu'où l'on peut pouffer l'augmentation
apparente d'un objet, & nullement pour en découvrir clai-
rement & diftinctement jufqu'aux moindres parties, parce
que l'ouverture qu'on leur donne doit être fi petite, que le
peu de lumiere qui la traverfe, ne peut l'éclairer affez pour
fatisfaire l'Obfervateur.

De tout ce que je viens de dire on en peut conclurre que
le Microfcope monté d'une feule Lentille à la fois, & taillée
à la main, eft à-préfent au point le plus haut de perfection.

CHAPITRE XXV.

Proportions des Verres du Microfcope de Monfeigneur le Maré-
chal d'Eftrées, dont les effets font très-agréables à voir, l'ayant
rendu univerfel, c'eft-à-dire propre à faire voir les petits objets
ordinaires, les animaux des liqueurs, & la circulation du fang
dans plufieurs fortes de poiffons de diverfes efpeces.

CE Microfcope a environ quinze pouces fix lignes de
hauteur, y compris la monture, qui eft d'un bois de
gayac des plus beaux qui fe puiffent voir.

L'oculaire de ce Microfcope a environ deux pouces de
foyer; fa diftance à l'œil eft de feize lignes. Le verre du
milieu a trois pouces fix lignes de foyer, & deux pouces fix
lignes de diametre.

Sa diftance à l'oculaire eft de quatre pouces. La lentille
peut être de quatre, de cinq ou de fix lignes de foyer. Sa
diftance au verre du milieu eft de fept pouces fix lignes.
Cette diftance peut devenir plus grande, par le moyen d'un
tuyau qui fe peut hauffer & baiffer.

Lorfque ce Microfcope eft dans fa moindre hauteur, un
feul petit grain de millet y paroît d'une longueur apparente
de quatre pouces; & parce que fur la longueur d'un pouce
on y en peut mettre jufqu'à dix, il s'enfuit que les quatre

pouces en contiendront quarante ; lesquels étant multipliés par ce même nombre, la surface sera de 1600, & la solidité de 64000 : ainsi ce Microscope fait paroître un seul grain de millet 64000 fois plus gros que nos yeux. Mais cette grosseur apparente surpassera considérablement ce nombre, en l'exhauffant d'environ quinze lignes, puisqu'alors un seul grain de millet y paroîtra sous une longueur apparente de six pouces, ou soixante fois la longueur du grain de millet ; d'où il suit que sa surface sera de 3600 fois plus grande, & que sa solidité sera de 216000. Cette masse apparente contiendra donc deux cens seize mille fois celle du grain de millet vû de nos yeux sans le secours de ce Microscope.

Pour faire une belle suite d'expériences avec ce Microscope à trois verres, & pour donner aux Spectateurs une agréable idée de son universalité, on pourra commencer, si l'on veut, à faire observer la beauté du grez réduit en poussiere, que l'on verra être à-peu-près semblable à des morceaux d'alun de roche taillés à facettes, qui paroiffent brillantes & colorées lorsqu'elles sont exposées aux rayons du soleil.

La semence de perle, & celle des coquilles qui se trouvent dans le sable de certaines rivieres & sur les bords de quelques mers, étant mises sur la dame-noire de ce Microscope, on y remarque des beautés surprenantes.

Toutes les petites graines des plantes s'y peuvent observer, pourvû que leur grosseur ne surpasse pas celle d'un grain de millet.

Toutes les couleurs dont les Peintres se servent, y peuvent être observées.

Les fleurs des plantes nous y font remarquer une infinité de choses que nos seuls yeux n'y apperçoivent pas.

On remarque dans les étoffes de soie, dans les rubans tissus d'or & d'argent, des ouvrages de l'Art & de la Nature d'une beauté parfaite.

Les ailes des mouches & la structure de la cornée sont dignes d'admiration, quand on les voit au Microscope.

Les plumes des oiseaux, l'écaille du ventre d'une folle, la poussiere que l'on sépare de l'aile d'un papillon, les cheveux, le poil d'un rat, & une infinité d'autres petits corps, font beaucoup de plaisir à voir.

Les moindres gouttes d'eau prises séparément dans les diverses infusions des plantes, nous présentent un nombre immense d'animaux différens qu'on y apperçoit nager, ramper, & marcher.

Les eaux croupies en contiennent une grande quantité de diverses especes.

Le vinaigre de vin, celui de biere, &c. nous manifestent des anguilles de différentes especes.

La circulation du sang se voit dans la queue d'un têtard, dans *celle* d'une petite tanche, dans celle d'une carpe, dans celle d'une petite anguille, d'une lamproie, dans le diaphragme d'une grenouille, &c.

Il y a des manieres différentes de préparer toutes ces diverses choses, de les saisir, & de les appliquer au Microscope pour les y observer, dont il seroit difficile de donner des explications meilleures que celles qui sont traitées au long dans mon Livre. La simple vûe d'une préparation fait bien plus d'impression sur l'esprit qu'un discours par écrit n'en peut faire, quelqu'étendu qu'il puisse être.

CHAPITRE XXVI.

Proportions des Verres d'un petit Microscope qui n'a que deux pouces & demi de longueur, très-commode pour être appliqué à notre Microscope universel.

CE petit Microscope est composé de trois lentilles convexes des deux côtés, & tranchantes par les bords.

Le verre de l'œil & celui du milieu sont d'une égale convexité, ayant chacun dix lignes de foyer. Ces deux verres se touchent presque, n'ayant entr'eux qu'un petit diaphragme qui n'a pas une ligne d'épaisseur ; & la distance du verre supérieur à l'œil n'est que de trois lignes.

La lentille objective a trois lignes de foyer. On pourra mettre une lentille de deux lignes & demie de foyer, ou d'un peu moins, lorsqu'on voudra examiner les animaux des liqueurs. Lorsque l'on employera une lentille qui augmentera

confidérablement la groffeur des objets, il fera plus avanta-
geux de les regarde- à la lumiere d'une chandelle qu'à celle
du jour.

*Proportions d'un petit Microfcope à trois verres, de la façon
de M. Villette.*

L'oculaire de ce Microfcope a cinq à fix lignes de foyer.

Le verre du milieu a douze lignes de foyer, & la lentille
deux lignes.

La diftance de l'œil à l'oculaire eft de quatre lignes.

La diftance de l'oculaire au verre du milieu, eft d'environ
quinze à feize lignes.

La diftance du verre du milieu à la lentille, eft de vingt-
quatre à vingt-fix lignes.

Les verres de ce Microfcope font montés dans trois
tuyaux, ce qui eft un avantage très-confidérable.

Toute la hauteur de ce Microfcope, fans y comprendre
le pié, eft d'environ trente-fix lignes.

Il y a dans le pié une petite monture qui contient deux
oculaires plans, convexes, un peu diftans l'un de l'autre,
pour fournir plus de lumiere.

Ce Microfcope ainfi monté d'une lentille objeƐive de
deux lignes de foyer feulement, ne peut fervir que pour voir
les animaux des liqueurs, à caufe qu'il y faudroit ajoûter
une lentille de quatre à cinq lignes, pour fervir à l'examen
des autres objets, &c.

Autres proportions d'un petit Microfcope à trois verres.

Un oculaire de fix lignes de foyer,
Un verre du milieu de douze lignes,
Et une lentille de quatre lignes :
Le tout monté dans trois différens tuyaux.

Autres Proportions.

Une lentille d'environ fept lignes de foyer,

Une autre de huit lignes, montées à quatre lignes de diftance l'une de l'autre, qui étant dans un éloignement d'environ trois pouces d'une petite lentille de trois ou trois &

demi-lignes de foyer, font un bon effet pour examiner les animaux des liqueurs, & la circulation du fang.

Chacun des deux oculaires étant pris féparément avec la lentille objective, feront un bon effet.

Proportions des verres d'un Microfcope que M. le Bas a vendu à Madame la Ducheffe du Maine, que j'ai rendu univerfel; de maniere qu'il peut maintenant fervir à faire voir la circulation du fang dans diverfes fortes de poiffons, & les petits poiffons qui fe trouvent dans des infufions préparées, & dans d'autres liqueurs qui ne le font point.

L'oculaire *A* a huit lignes de diametre :   Planche 24.
Sa diftance à l'œil eft de quatre lignes.   fig. 19.
Le foyer de ce verre eft d'un pouce :
Sa diftance au verre du milieu eft de douze lignes.
Le verre du milieu, *B*, a dix lignes de diametre :
Son foyer eft de feize lignes ou environ.
La diftance de la furface fupérieure du verre oculaire, à l'inférieure du verre du milieu, eft de douze lignes. Ces deux verres ainfi montés, forment un Microfcope particulier qui fait l'office de plufieurs Microfcopes, & dont M. le Bas n'avoit aucune connoiffance.

Depuis le verre du milieu jufqu'à la lentille *C*, il y a trois pouces ou environ. Il faut remarquer que le tuyau qui contient les deux oculaires, doit être hauffé & baiffé facilement, afin de pouvoir fervir utilement à trois lentilles de différens foyers, qui font montées dans trois différens porte-lentilles qui fe viffent l'un après l'autre au bout d'en-bas du corps de ce Microfcope ; & que la lentille du plus court foyer eft très-propre pour faire voir la circulation du fang dans la queue des têtards, & dans diverfes parties de plufieurs infectes aquatiques, &c.

CHAPITRE XXVII.

Des Verres concaves que l'on fait servir de porte-objets aux Microscopes.

ON sait que la nécessité occasionne souvent les nouvelles inventions, & que sans elle nous serions privés d'un grand nombre de belles connoissances très-utiles & très-agréables.

Les Microscopes que nous avons rendus universels & commodes, doivent être accompagnés d'un nombre suffisant de diverses pieces séparées du corps, pour en rendre l'universalité plus étendue, parmi lesquels il y en a deux que plusieurs personnes voudroient supprimer ; mais ne les ayant imaginées que par une nécessité indispensable, je me trouve obligé d'en faire sentir les bons effets.

Ces nouvelles pieces sont l'entonnoir ou pompe, & les verres concaves de diverses sphéricités.

L'entonnoir ou pompe est un petit instrument de verre fait à la lampe d'Emailleur, dont le dessein se voit réprésenté en la Pl. 7. de la premiere partie de ce Livre, & son usage en la page 16 de la même partie.

Le verre concave se voit taillé diversement, & représenté sur les Planches 2, 5, 6, 7, 9, 10, 17, &c. En voici quelques usages.

1°. Une grosse goutte de vinaigre y peut être vûe durant une bonne heure dans un temps assez tempéré ; ce qui n'arrive pas à la même quantité appliquée sur un verre plane, parce qu'elle y coule & s'y étend si considérablement, qu'on ne la peut observer.

2°. Lorsqu'on met le vinaigre dans un petit concave de verre, on a la liberté de promener le porte-objet à volonté, sans qu'il y ait lieu d'appréhender de gâter les platines qui le saisissent ordinairement dans de certains Microscopes.

3°. On pourra conserver, si l'on veut, une goutte de vinaigre mise dans ce concave, durant sept ou huit jours en été, & durant quinze jours en hyver, pendant lefquels on obfervera plufieurs circonftances très-utiles & très-curieufes, rapportées en divers endroits de ce Livre. Ces verres concaves doivent être taillés diverfement, fuivant les diverfes expériences pour lefquelles on les aura deftinés.

Si l'on veut avoir le plaifir de découvrir d'un feul coup d'œil toute l'étendue d'une petite goutte de vinaigre, par exemple, qui aura été mife avec la pompe dans un de ces concaves, il faut qu'il foit taillé fur une fphere ou portion de fphere d'un petit diametre, dont le foyer foit proportionné à celui de la lentille que l'on employera à cet effet.

Ce fpeétacle eft beaucoup plus curieux qu'il n'eft utile ; cependant on peut découvrir dans une petite cavité qui n'aura pas plus d'une ligne de diametre, une cinquantaine d'anguilles, dont la moindre aura en apparence plus d'un pouce de longueur, & dont le mouvement paroîtra fi rapide, qu'il fera peut-être l'étonnement le plus furprenant qu'on ait jamais eu en d'autres circonftances, quelque fingulieres qu'elles ayent été.

Quand les concaves font d'une très-petite portion de fphere, on ne les doit creufer qu'autant qu'il eft néceffaire pour empêcher que la liqueur qu'on y mettra n'en puiffe fortir ; & encore afin que les animaux qui fe tranfportent vers les bords, n'en paroiffent guere moins beaux que les autres.

Il y a des expériences particulieres qui obligent à les creufer davantage, comme, par exemple, lorfqu'on y veut enfermer un animal vivant : il fuffira pour l'ufage que la boule fur laquelle on les taillera, s'y enfonce environ d'un tiers de fon diametre.

Les Lunetiers, qui ne raifonnent que très-peu fur ce qu'ils font, ne font guere propres à exécuter ces fortes de concaves ; tout ce qui demande quelque précifion & beaucoup de propreté, ne leur convient pas. Les méthodes qui font en ufage parmi eux, & dont ils fe fervent prefque tous, font peu propres pour faire de beaux & de bons ouvrages ; ils fe bornent à ce qui expédie, & négligent ainfi ce qui peut tendre à acquérir de la réputation : de forte qu'on ne doit pas être furpris fi le travail d'une vie affez longue n'a fouvent rien ajoûté aux connoiſſances qu'ils ont lorſqu'ils ſortent d'un apprentiſſage de pluſieurs années. Un Tourneur, par exemple, ne ſait pas faire une vis & un écrou au bout d'un an d'apprentiſſage ; un Lunetier pendant le même temps ne fait pas une bonne lunette à mettre ſur le nez : cependant on peut par d'autres méthodes particulieres enſeigner à l'un & à l'autre à faire une bonne vis, un bon écrou & une bonne lunette à nez en moins de huit jours.

Revenons à nos concaves. Si on en creuſe de maniere qu'il ne reſte que très-peu d'épaiſſeur entre la concavité & la ſurface plane du verre, on aura l'avantage de pouvoir employer des lentilles d'un très-court foyer, parce qu'en mettant la petite goutte de liqueur au milieu du concave, & le tournant dans le Microſcope, enſorte que la ſurface plane du verre ſoit du côté de la lentille, cette lentille pourra s'approcher très-proche de l'objet, ſans courir le riſque de s'y ſalir, puiſque par ce moyen on évite de la plonger dans la liqueur, ce qui ne doit pas être compté pour rien.

Nous avons par ce moyen l'avantage que l'on tire des feuilles de talc, ſur leſquelles on a coûtume de mettre la liqueur, & nous évitons en même temps deux grandes incommodités qu'on y apperçoit en peu de temps, deſquelles tous ceux qui s'en ſervent ſe plaignent. La premiere eſt que ce talc eſt rempli de raies ; & la ſeconde, qu'il ne peut ſervir qu'une ſeule fois pour voir les anguilles du vinaigre, & guere davantage pour examiner ce qui ſe trouve de conſidérable dans les autres liqueurs, à cauſe qu'en eſſuyant la craſſe que les gouttes de liqueurs y laiſſent, on le dépolit en peu de temps, ce qui le rend après cela inutile.

On employe les grands concaves très-utilemeut, pour y conſerver en vie pluſieurs gros animaux enfermés entre deux concaves, ou entre un concave & un verre plan, ou enfin dans un concave ſans être couvert.

Quand les concaves à mettre le vinaigre ou quelqu'autre liqueur, ſont parfaitement polis, ces liqueurs ont beaucoup de diſpoſitions à ſortir des cavités de ces ſortes de verres ; c'eſt pourquoi il y faut apporter un remede : en voici un parfaitement bon, par le moyen duquel on évitera ce défaut,

qui

qui est très-considérable. Pour cela il n'y a qu'à effacer le poli qui est du côté du concave, en rendant brute toute la surface qui l'environne. Pour cet effet vous n'avez qu'à travailler ce côté-là sur une forme platte, avec un peu d'émeril fin & de l'eau, jusqu'à ce que le morceau de glace soit d'un grain fin & égal, & cela sera capable d'arrêter la goutte de liqueur que vous aurez mise dans ce concave.

On objecte que le verre concave est capable de changer la forme de l'objet que l'on y met pour y être apperçû.

Réponse. Le verre concave ne change pas la forme de l'objet qu'on met dessus ; car ne servant ici que de porte-objet, il ne peut ni l'augmenter, ni le diminuer, ni l'estropier, puisque ce n'est pas le verre concave qui le fait voir, mais seulement la lentille, qui est l'ame du Microscope, pour ainsi dire, à laquelle ce pouvoir est réservé : & si l'on voit quelquefois l'objet estropié & difforme, il en faut attribuer la faute à la lentille qui est mal travaillée, n'ayant ni la forme, ni l'adoucissement, ni le poli qui lui convient pour qu'elle produise le bon effet qu'on en pourroit desirer.

Il y a seulement une chose à observer, qui est qu'une lentille ne peut avoir son foyer exactement correspondant à tous les points de la surface du concave où l'on met une goutte de liqueur ; c'est pourquoi on est obligé d'approcher ou d'éloigner cette lentille, suivant l'endroit du concave que l'on voudra regarder.

Lorsque l'on se sert d'un verre plan des deux côtés, & qu'on le promene pour découvrir toute l'étendue d'une goutte de liqueur qu'on y aura mise en expérience, il y aura moins à changer la distance de la lentille, que si l'on se servoit d'un petit concave pour cet effet, & cela suppose qu'on fasse ces expériences avec une lentille d'un court foyer ; car si elle avoit trois ou quatre lignes de foyer, & que la goutte de liqueur fût très-petite, il ne seroit pas nécessaire de changer la distance de la lentille pour voir distinctement toute l'étendue d'une très-petite goutte de liqueur, à cause que plus la lentille a de foyer, plus on découvre de champ.

CHAPITRE XXVIII.

Objections & réponses faites au sujet de la nouvelle hypothese proposée par L. Joblot, au sujet de ses nouveaux Microscopes, & des expériences qu'il a faites avec ces Microscopes.

ON peut former plusieurs difficultés contre cette hypothese : en voici une qui se présente d'abord à ceux qui n'ont que peu ou point d'usage des Microscopes à liqueurs.

On demande pourquoi on n'apperçoit pas les œufs & les très-petits animaux qui ont été dépofés fur les plantes, avec les lentilles de nos Microscopes à liqueurs , de même qu'on les voit dans l'eau où ces mêmes plantes ont été mifes en infusion.

Réponse. Si l'on obferve les feuilles ou les fleurs d'une plante, avant qu'on les mette en infusion, en fe fervant pour cet effet d'une lentille d'un grand foyer, on ne pourra appercevoir que les gros infectes, ou leurs œufs qu'ils y auront dépofés, parce que ces lentilles, qui font d'un grand foyer, n'augmentent pas affez l'apparence de l'objet ; & lorfquon voudra effayer de voir les plus petits, en fe fervant d'une lentille d'un court foyer, il l'en faudra approcher de fi près, que la monture qui enchâffe cette lentille ne permettra pas le paffage à la lumiere ; d'où il fuit qu'on ne les pourra voir.

Pourquoi de certains corps mis en infusion, font-ils découvrir de petits poiffons une heure ou deux après être mis en infusion ; & que d'autres corps ne fervent à en faire voir qu'au bout d'un temps très-confidérable ?

Réponse. C'eft parce que les petits animaux étoient déjà tout vivans fur les premiers corps mis en infusion, & qu'il n'y avoit encore ni petits ni œufs fur les feconds.

Et fi on les vouloit regarder en les expofant entre l'œil & la lumiere du jour ou d'une chandele, les corps fur lefquels font les œufs & les petits tout vivans, n'étant pas tranfparens on ne les y pourroit voir.

TABLE DES CHAPITRES
DU PREMIER VOLUME.
PARTIE PREMIERE.

PARTIE SECONDE.

Tome I. Part. I.

Fin de la Table des Chapitres du premier Volume.

On objecte encore contre notre hypothese , que les animaux qui volent ou nagent dans l'air, pouvant y laisser tomber leurs œufs & leurs petits tout vivans, & cet air s'appliquant continuellement sur la surface de la liqueur contenue dans nos vaisseaux mis en expérience, y abandonne les œufs & les petits.

Réponse. Cette opinion qui paroît d'abord assez probable, perd toute sa vraissemblance en l'examinant avec attention ; car, premierement, si elle étoit véritable, il s'ensuivroit qu'on appercevroit toûjours les mêmes poissons dans toutes les infusions, quoique différentes, & placées en un même lieu les unes auprès des autres, puisque l'air qui transporte les œufs & les petits tout vivans, n'agiroit pas moins sur la surface de l'une de ces infusions, que sur la surface des autres.

2°. Il s'ensuivroit encore que les poissons de deux infusions différentes qui auroient été préparées en même temps, & mises l'une auprès de l'autre, y devroient paroître à-peu-près en un même jour, ce qu'on ne remarque pas : tout au contraire, on observe qu'il y en a qui ne se manifestent qu'au bout de quinze jours, tandis que d'autres se font voir le même jour de la préparation.

3°. On ne devroit jamais voir d'animaux dans une infusion bouchée immédiatement après la préparation, puisque l'air ne s'appliqueroit pas sur la surface de la matiere mise en infusion ; ce qui est contraire à l'expérience. Voyez le chap. 15. sur le Foin nouveau.

D'où vient que les mêmes plantes, les mêmes graines ne produisent pas toûjours de semblables animaux ?

Réponse. Ce ne sont ni les plantes ni les graines mises en infusion, qui produisent les animaux que nous appercevons dans les liqueurs ; mais ce sont les meres de ces poissons qui nagent dans l'air qui répond au-dessus de ces infusions, où étant attirées par les vapeurs diverses des choses infusées, y pondent leurs œufs, & y déposent même leurs petits tout vivans.

Fin de la seconde Partie du Tome second.

A

T. Pl. 1
A
Lucas sculpsit

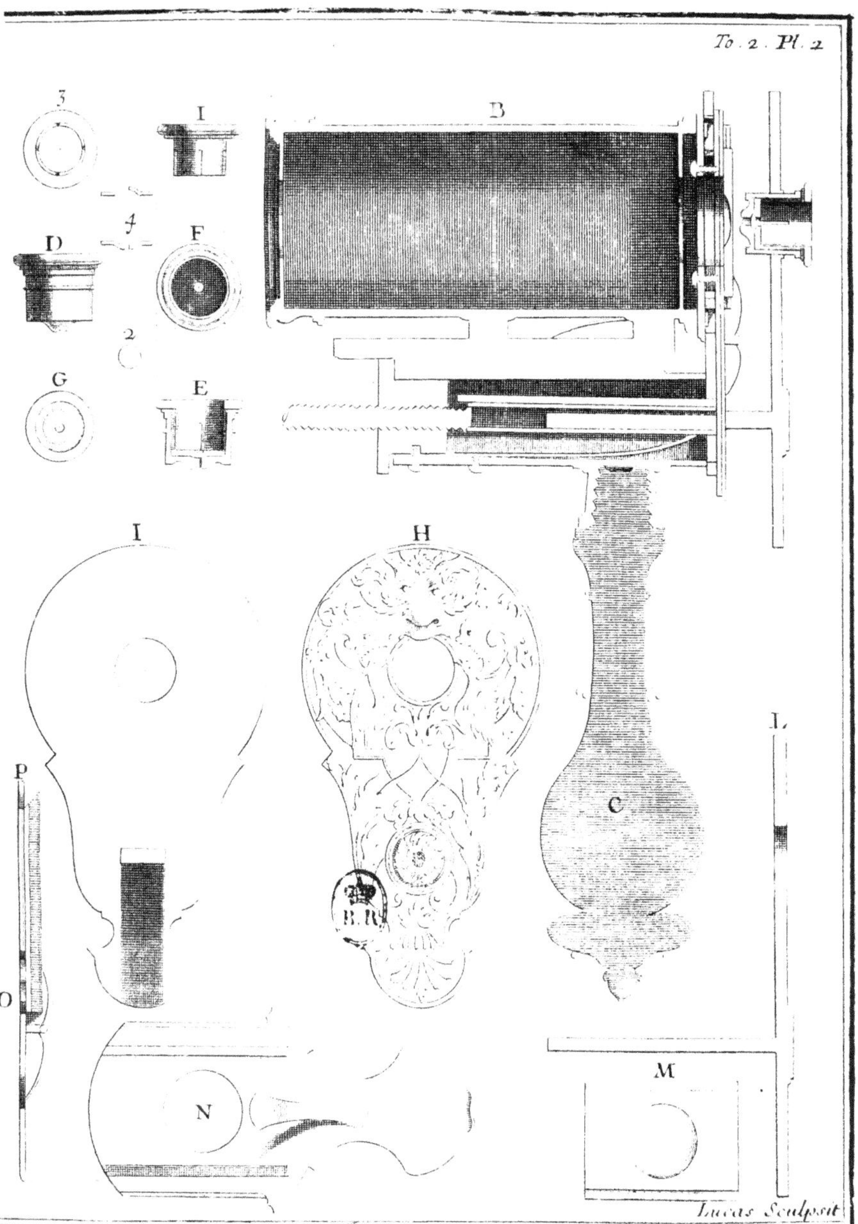

To. 2. Pl. 2
Lucas Sculpsit

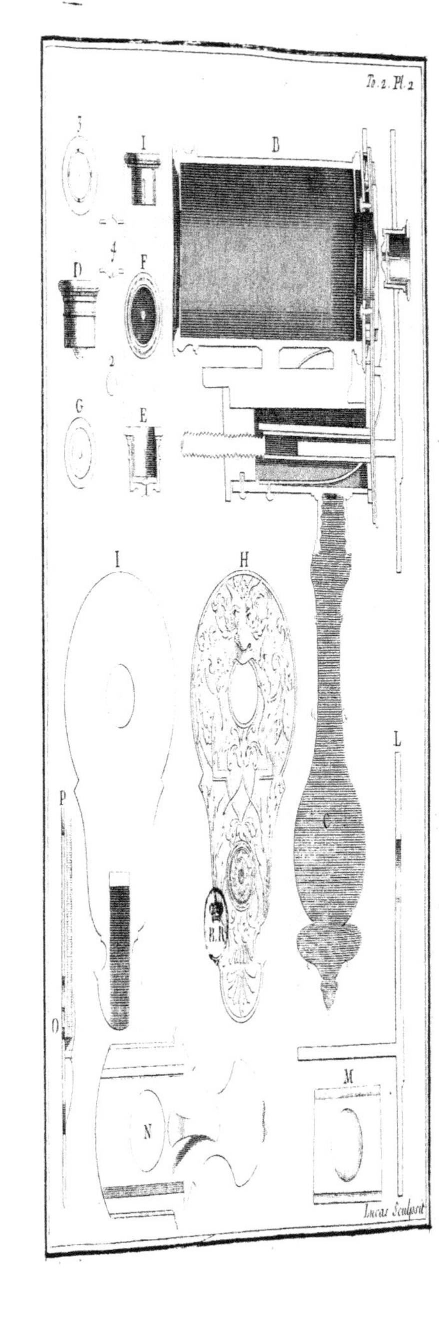
To. 2. Pl. 2
B
I
D
F
G
E
I
H
P
O
N
L
M
Lucas Sculpsit

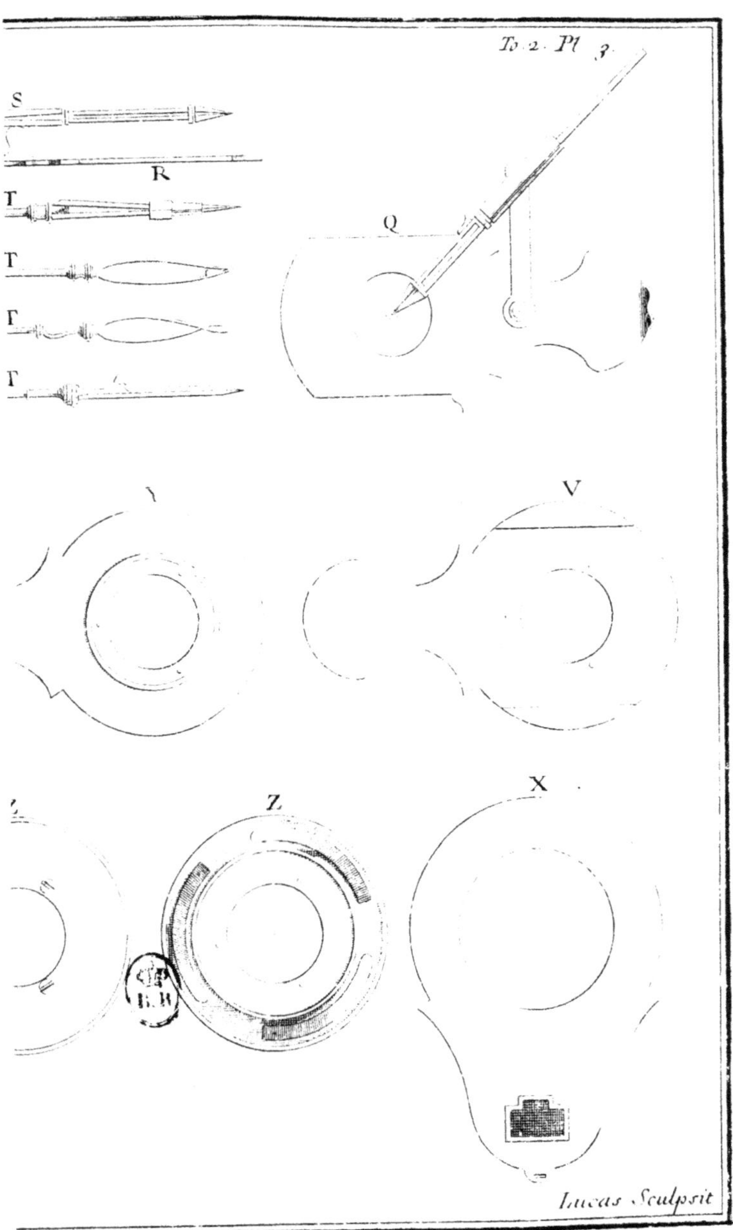

To. 2. Pl. 3.
S
R
T
T
T
Q
V
Z
X
Lucas Sculpsit

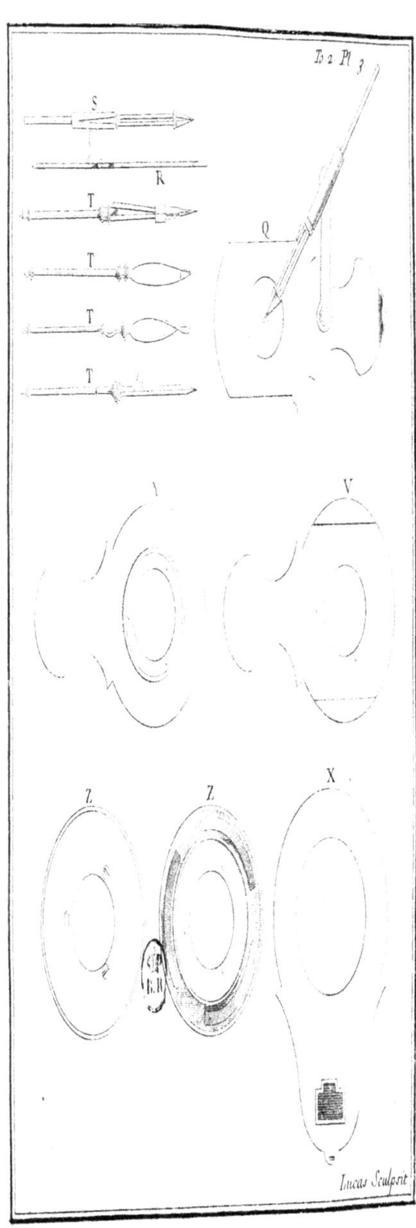

To. 2 Pl. 3
S
R
T
T
T
T
Q
V
Z
Z
X
Lucas Sculpsit

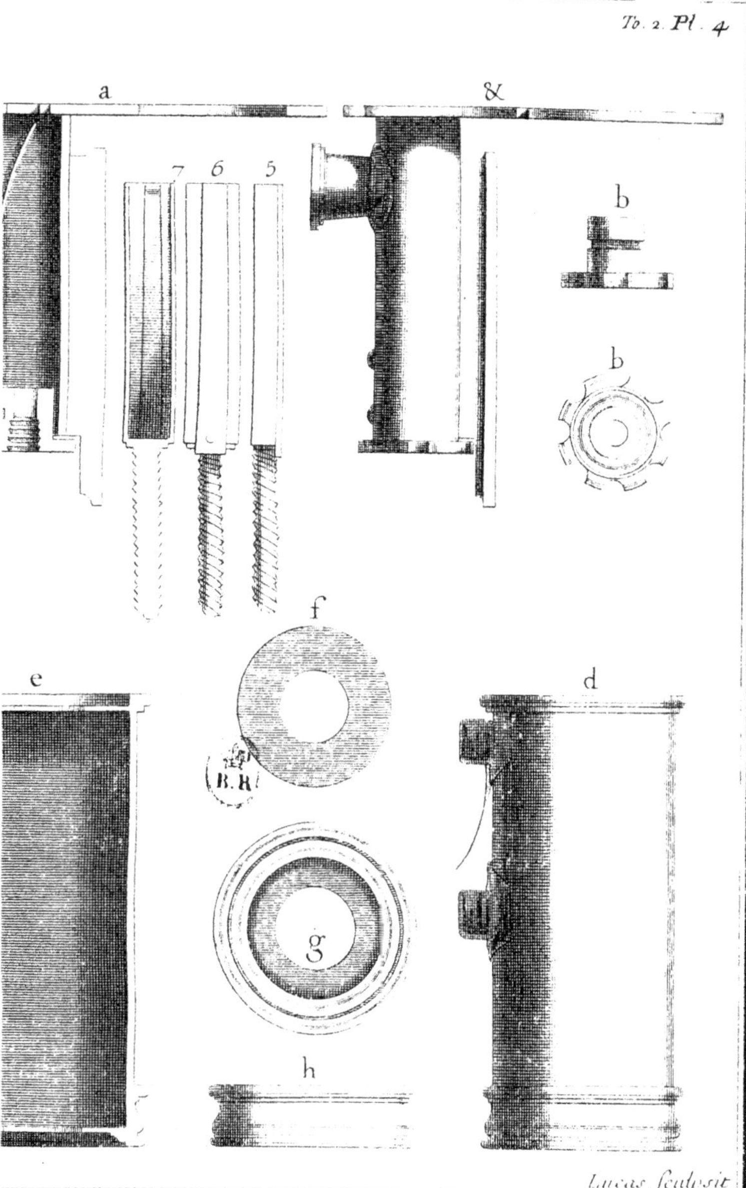
a
&
b
b
e
f
d
g
h
B.R.
Lucas sculpsit

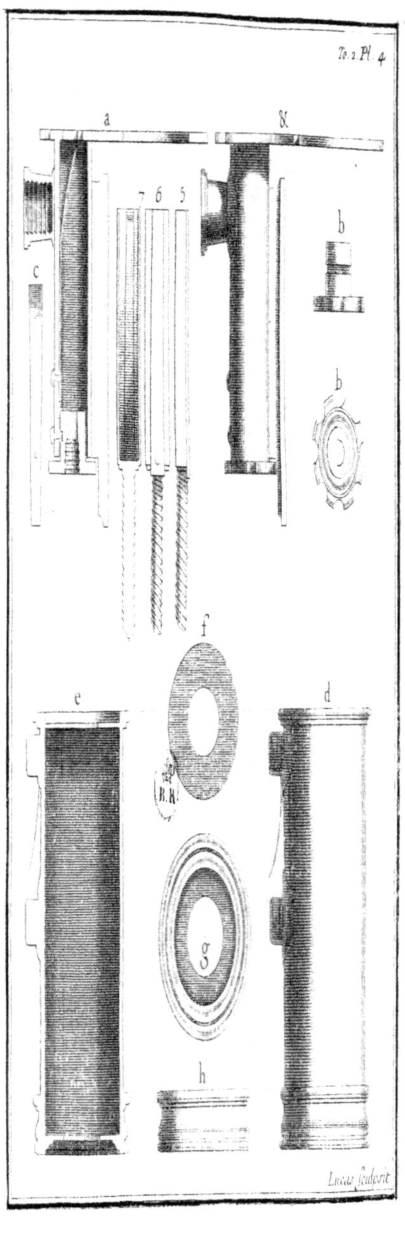

To. 2. Pl. 4.
a
b
b
c
d
e
f
g
h
5 6 7
Lucas sculpsit

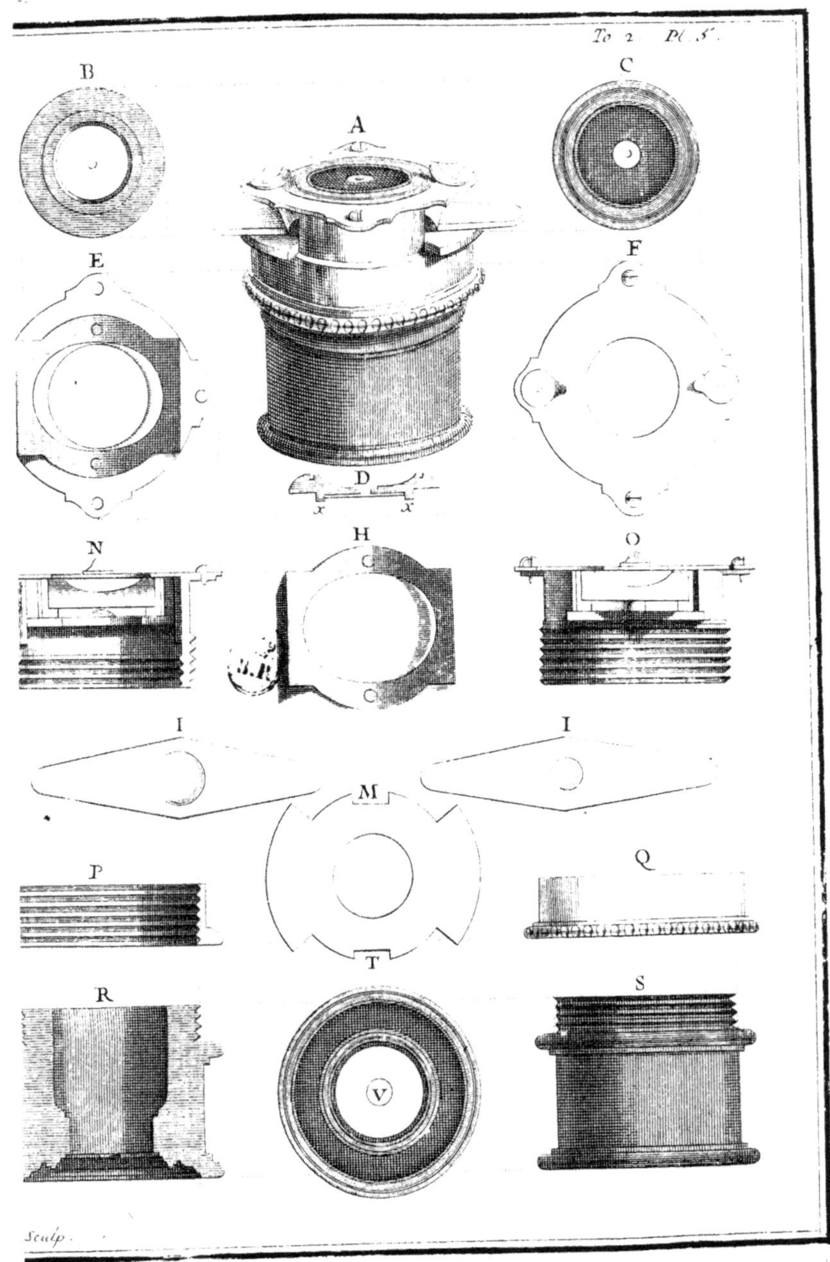

To. 2. Pl. 5.
B
A
C
E
F
D
N
H
O
I
I
M
P
Q
T
R
V
S
Sculp.

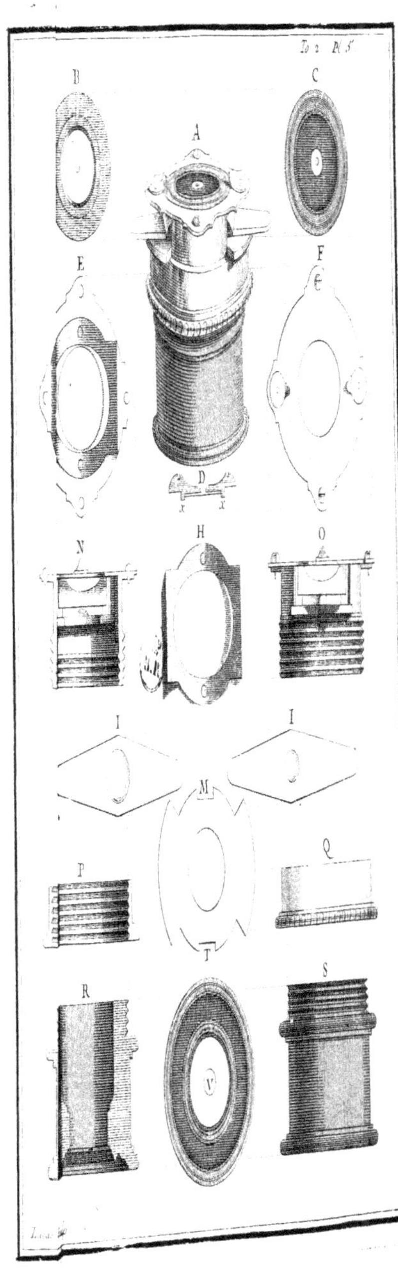

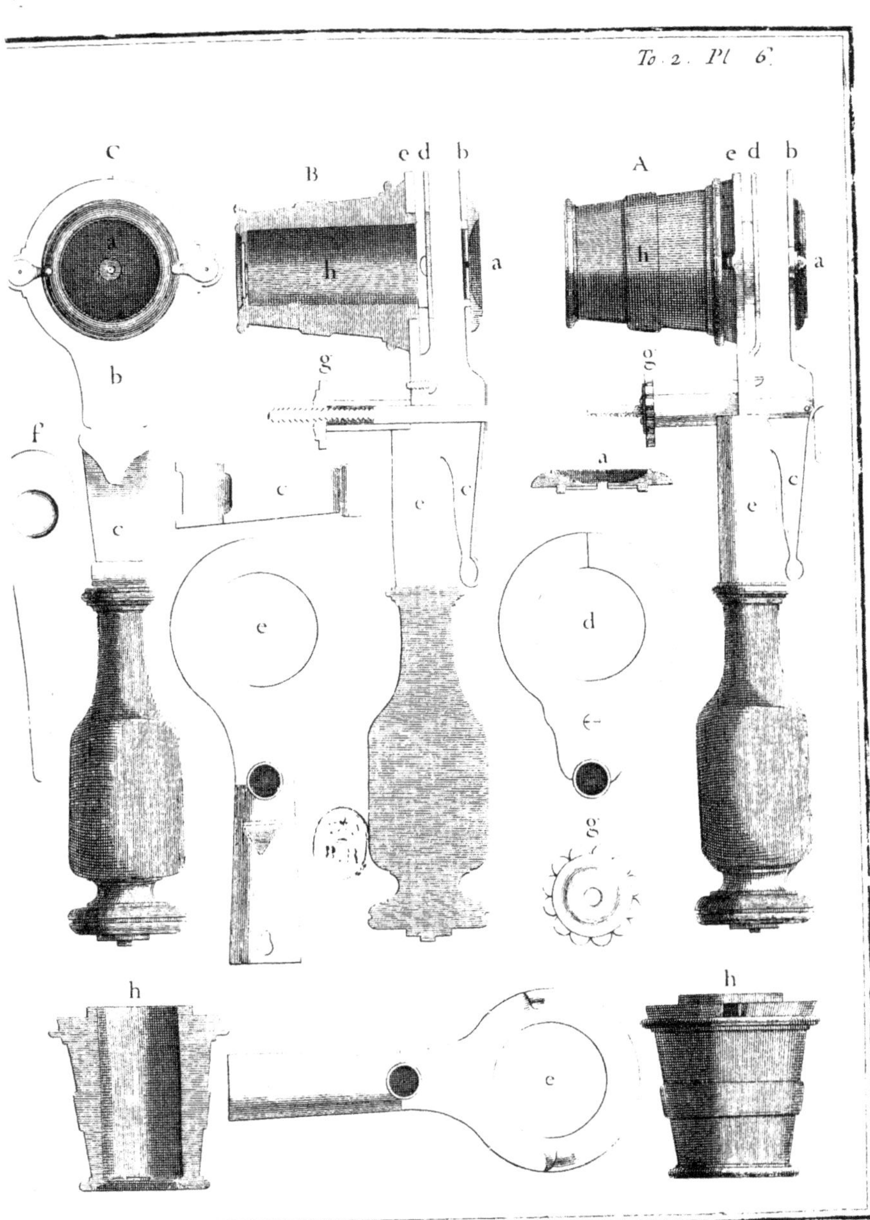

Lucas Sculp.

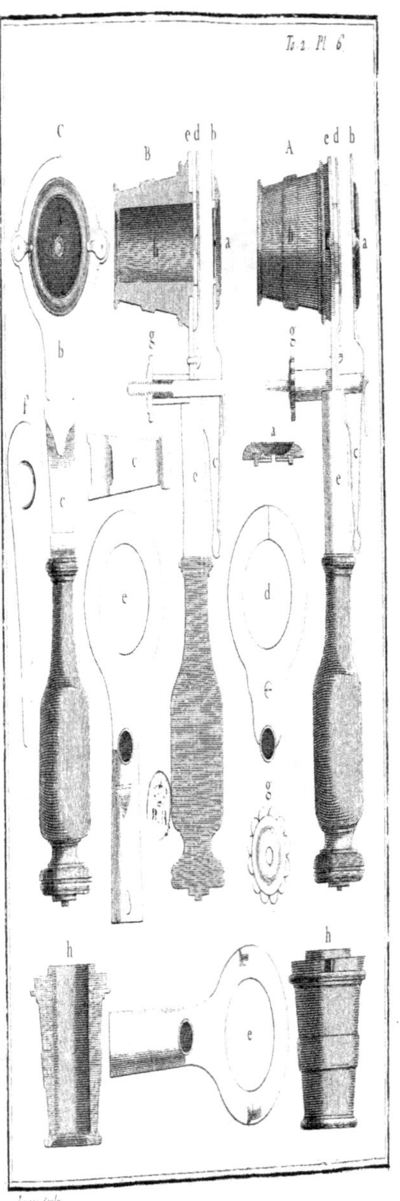
To. 2. Pl. 6.
Lucas Sculp.

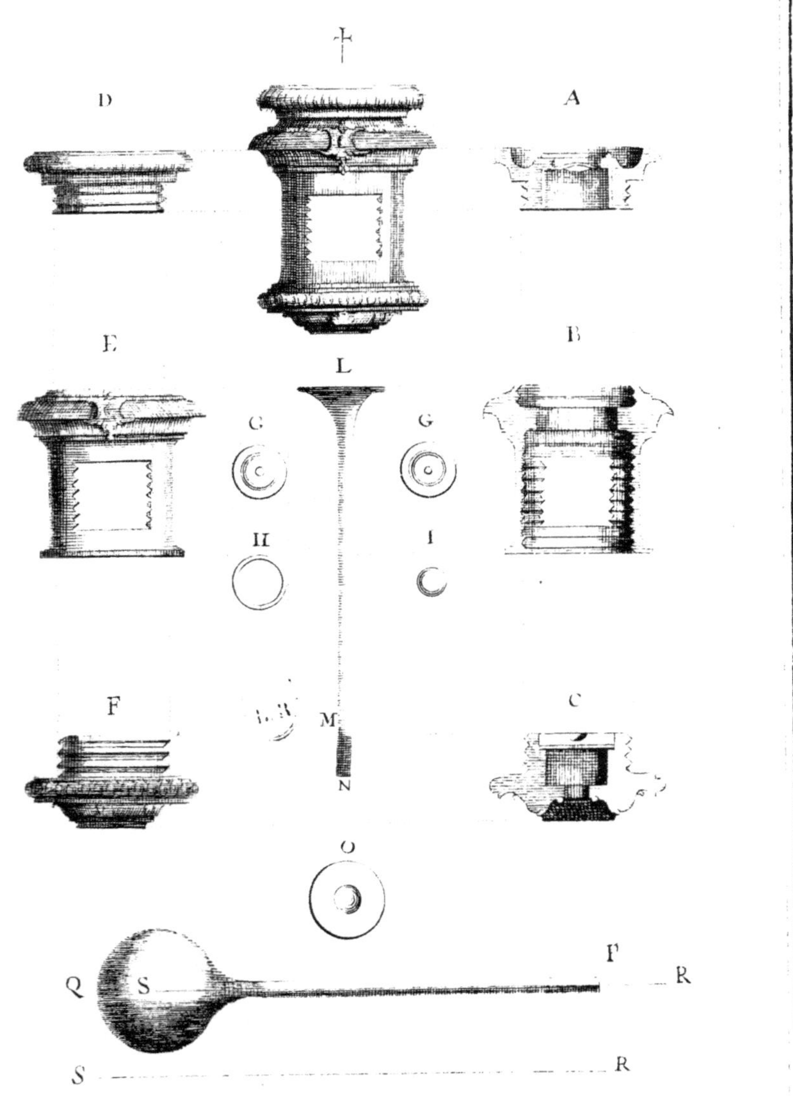
D
A
E
L
B
G
G
H
I
F
M
C
N
O
Q
S
P
R
S
R

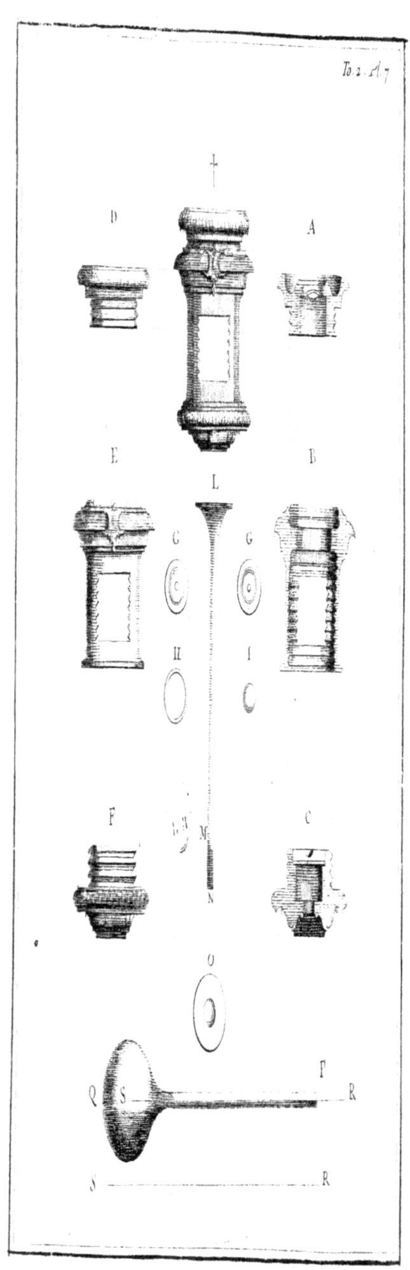
To.2.A.7
D
A
E
L
B
C
G
H
I
F
M
N
C
O
Q
S
T
R
S
R

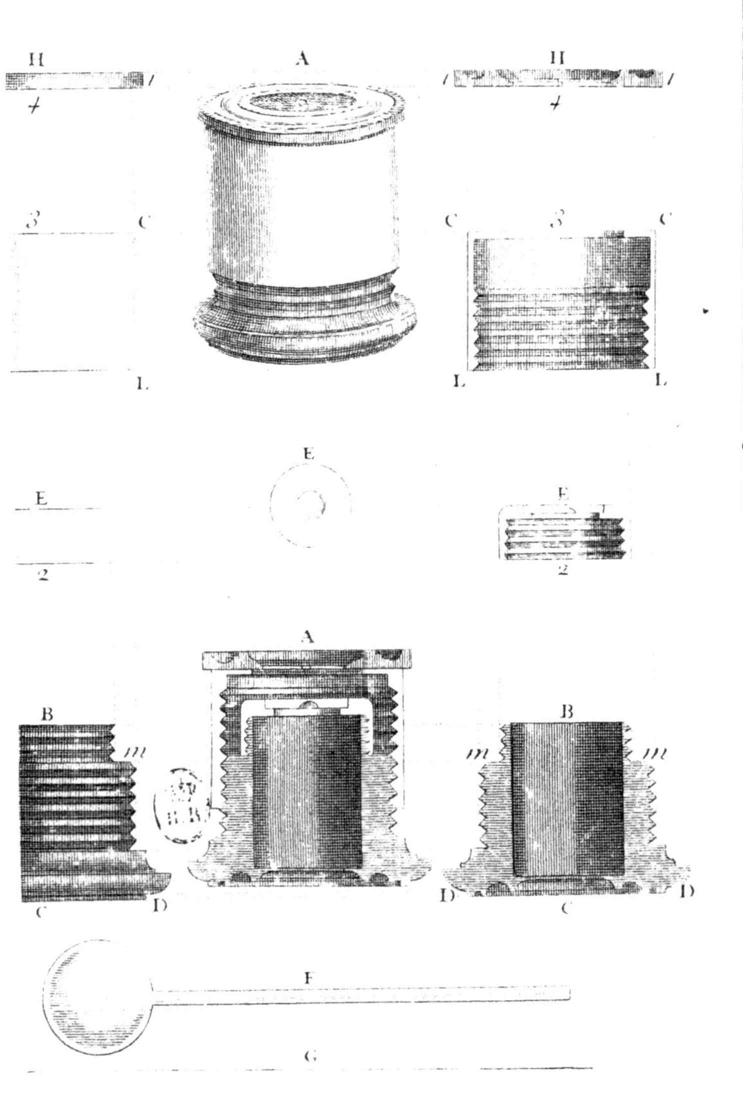
H
A
H
4
4
C
3
C
C
3
C
L
L
L
E
E
E
2
1
2
A
B
m
m
B
m
C
D
D
C
D
F
G

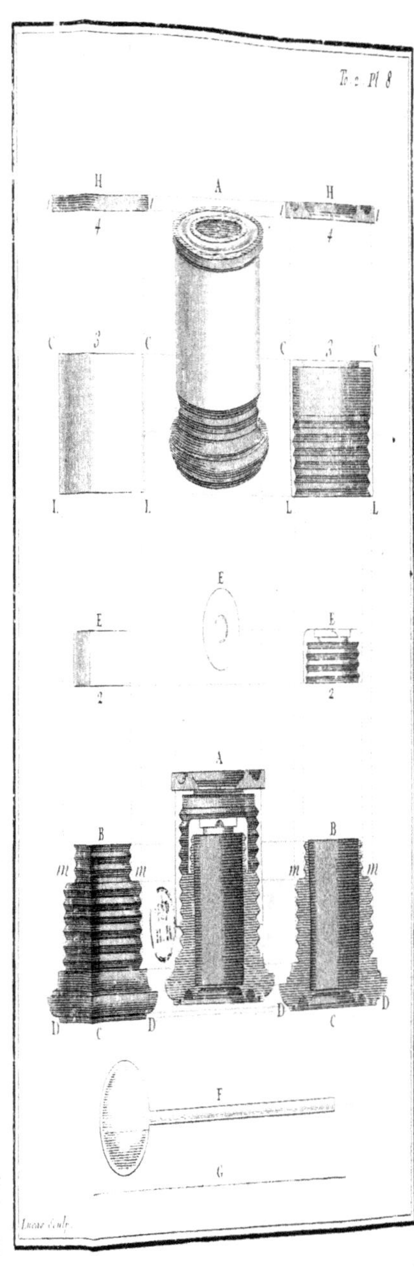

H
A
H
4
4
C 3 C
C 3 C
I. I.
L L
E
E
E
2
2
A
B
B
m m
m m
D C D
D C
D
F
G
Lucas sculp.

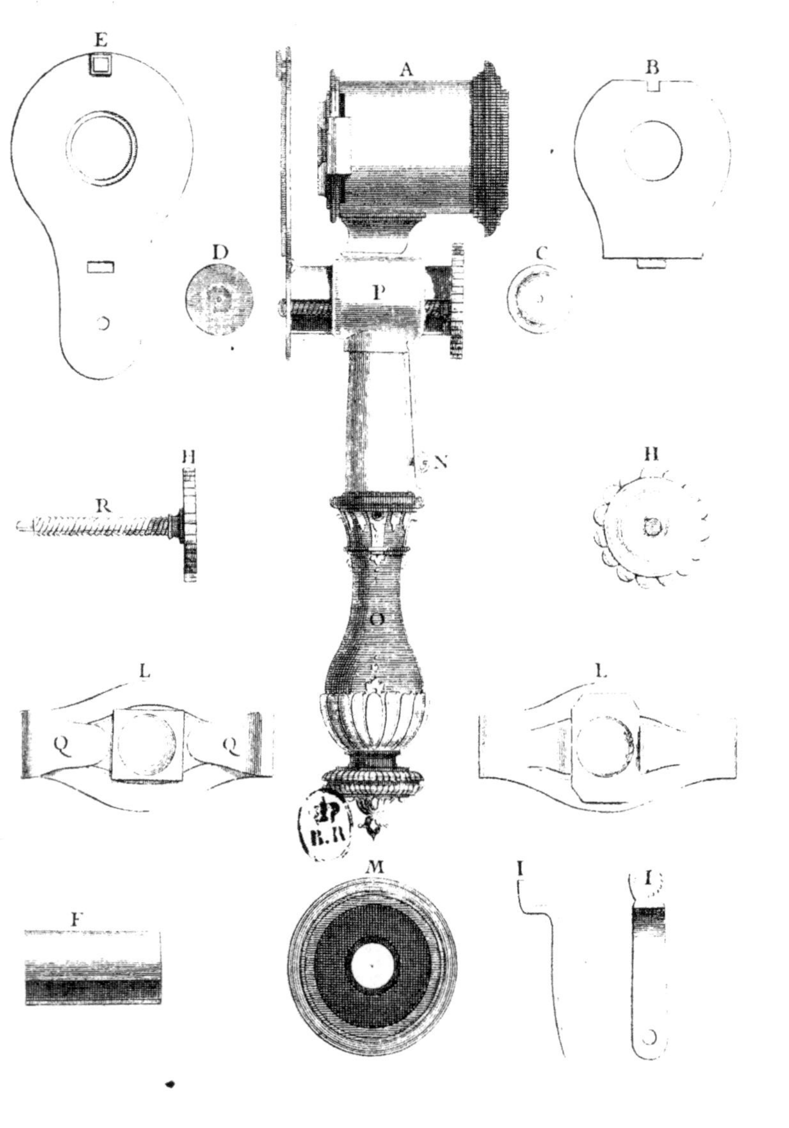
E
A
B
D
P
C
H
R
N
H
L
Q
O
Q
L
M
I
I
F

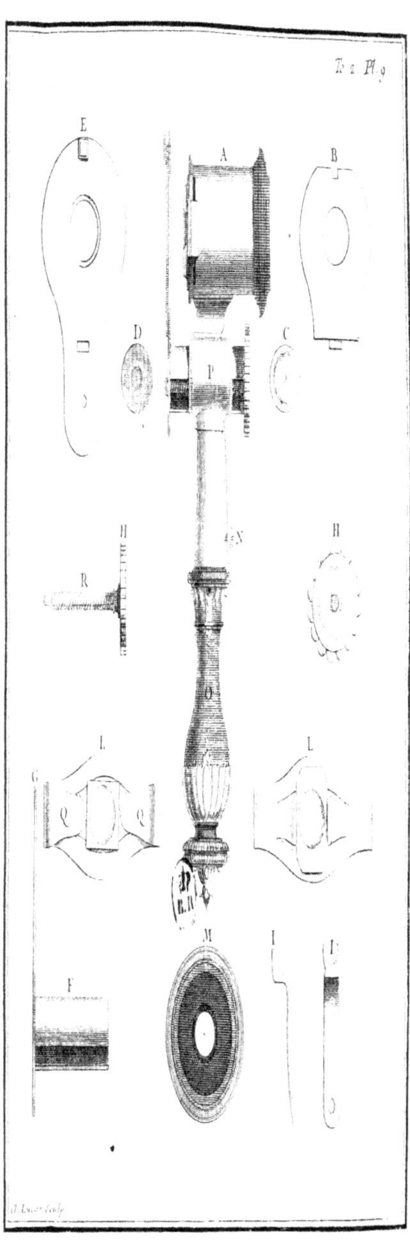
E
A
B
D
P
C
H
R
N
H
L
G
Q
Q
O
L
Q
M
I
F
J. Lucas sculp.

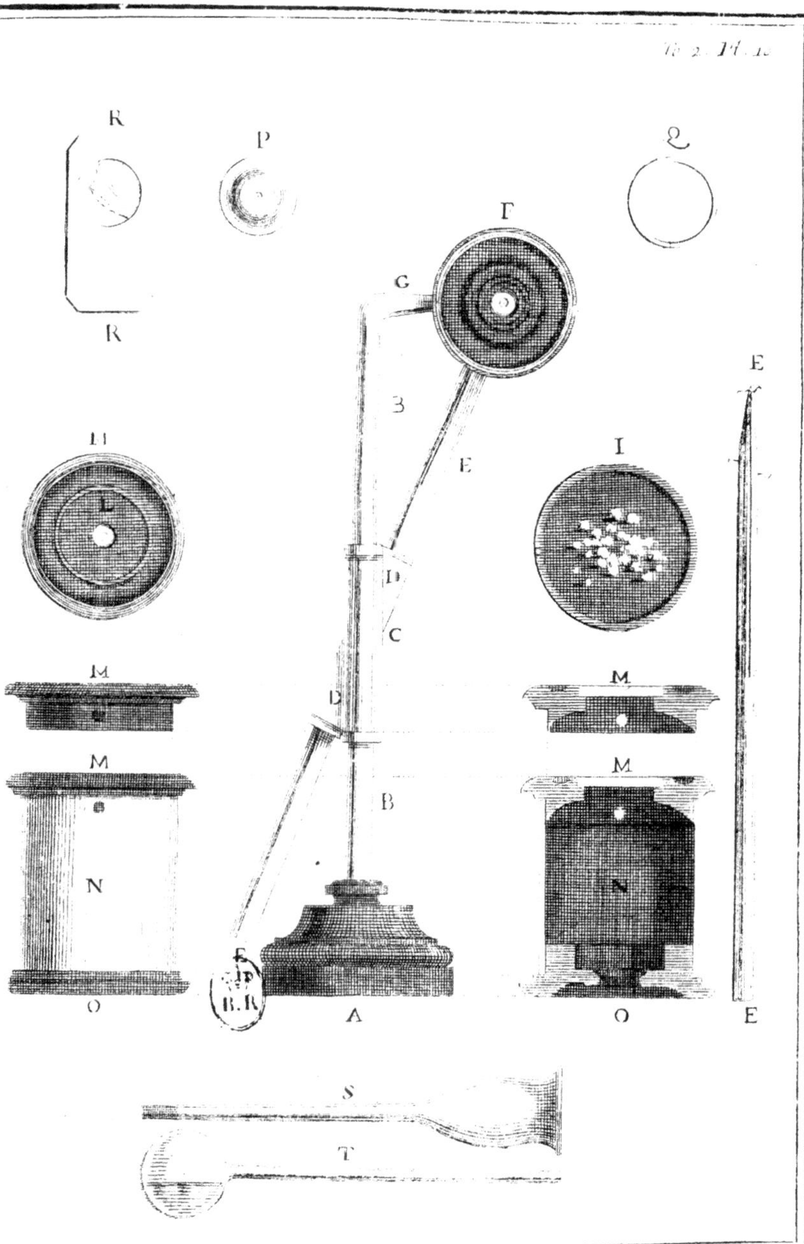

R
P
Q
R
F
G
B
E
H
L
I
E
M
C
M
D
M
M
D
B
N
N
A
O
O
E
S
T

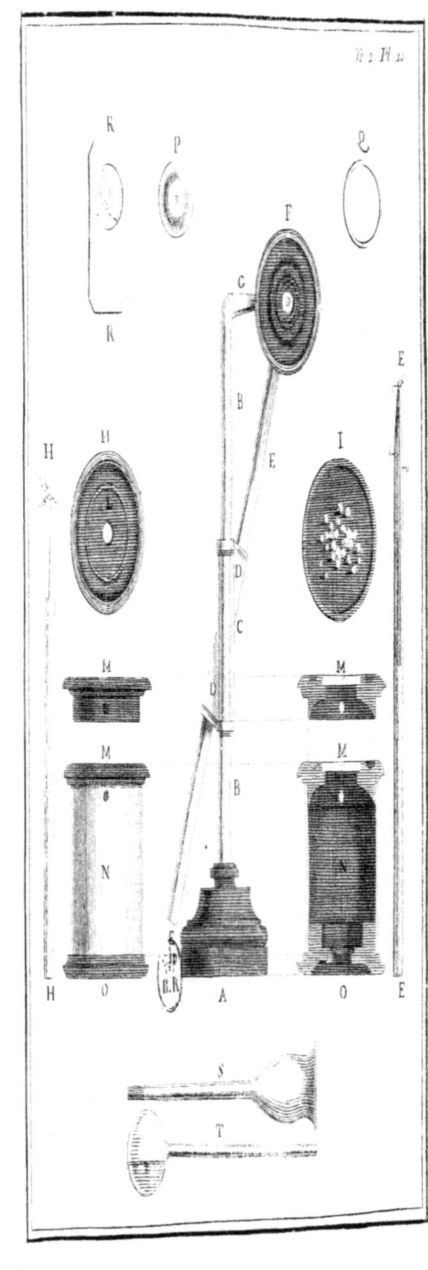
K
P
Q
R
R
F
G
B
E
H
M
I
E
H
M
I
M
M
M
M
N
B
M
D
B
H
O
A
O
E
S
T

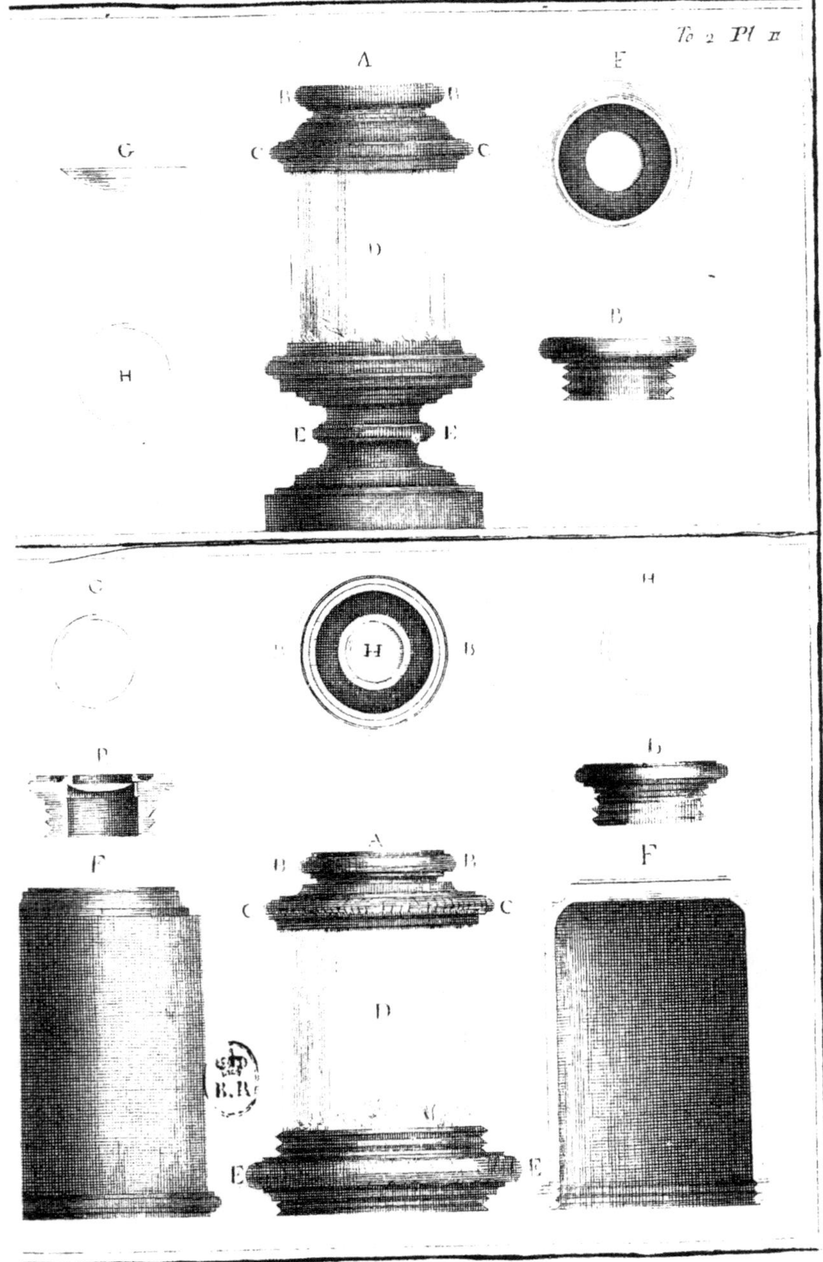

To 2 Pl. II
A
B B
C C
G
D
E
H
E E
B
G H
H
F
P
A
B B
C C
F
D
B
F
E E

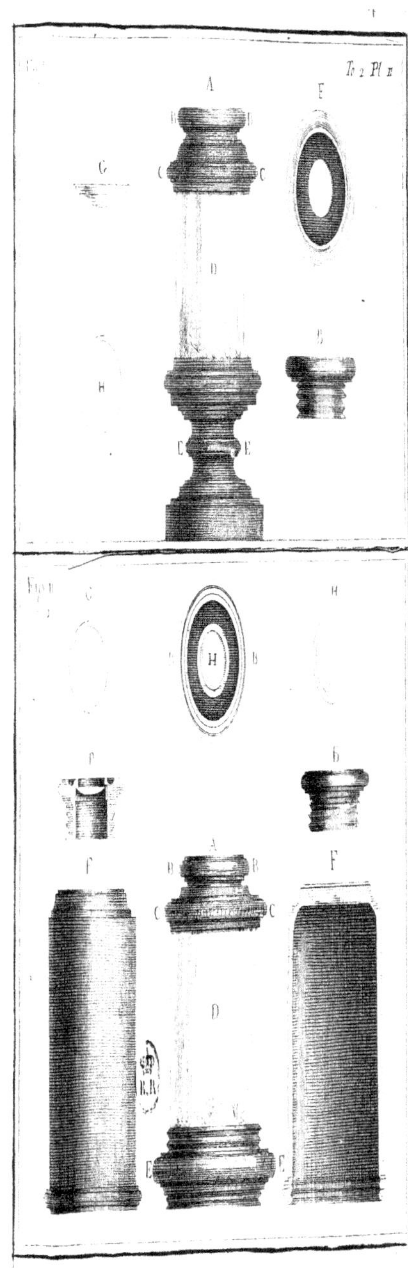
Tr. 2 Pl. II

I.

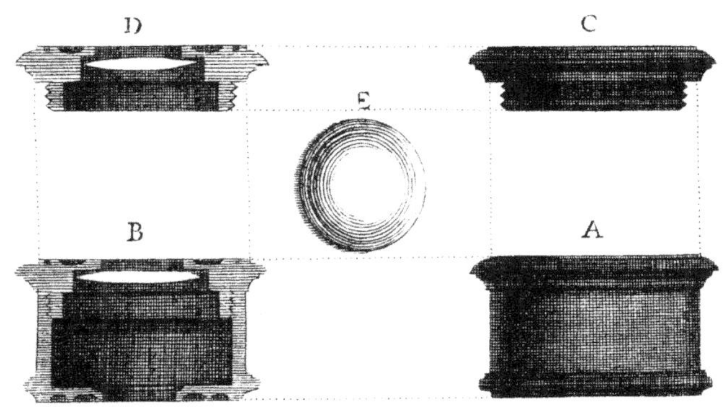

II.

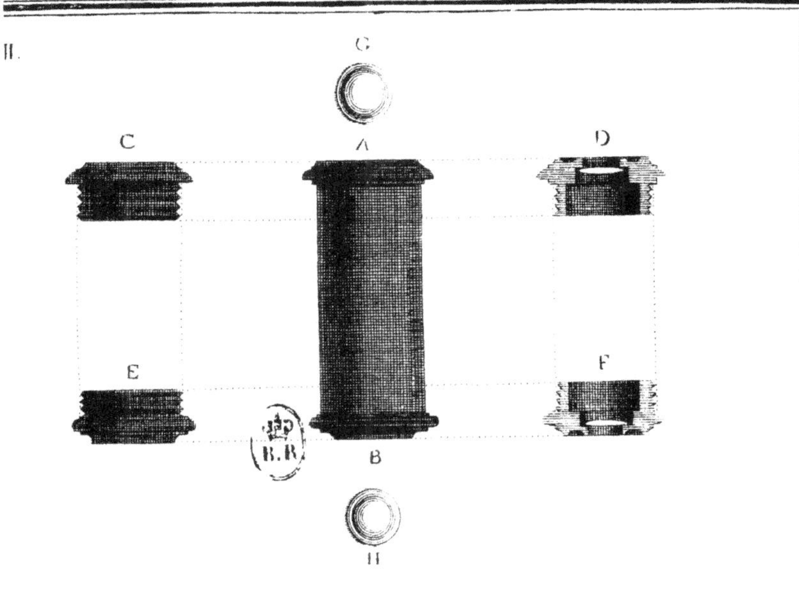

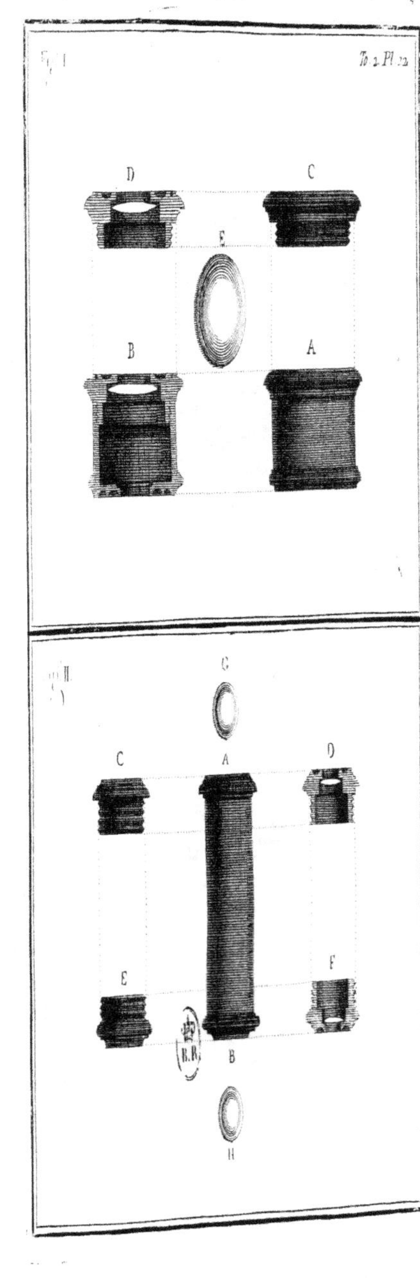

Dessein d'un Porte Loupe.
To. 2. Il. 13
H
G
F
F
F
E
D
C
A
E
B.B
B

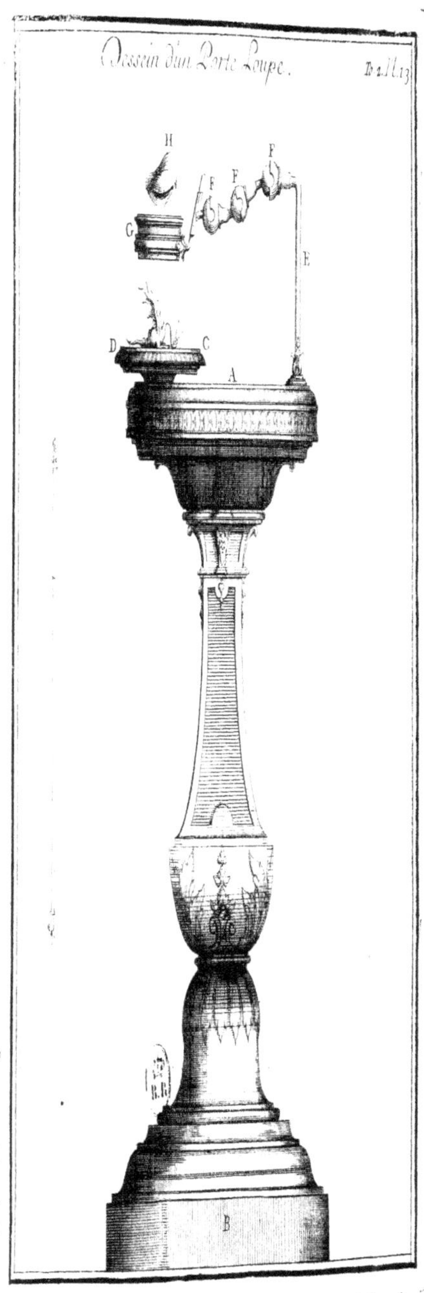

Dessein d'un Porte Loupe.

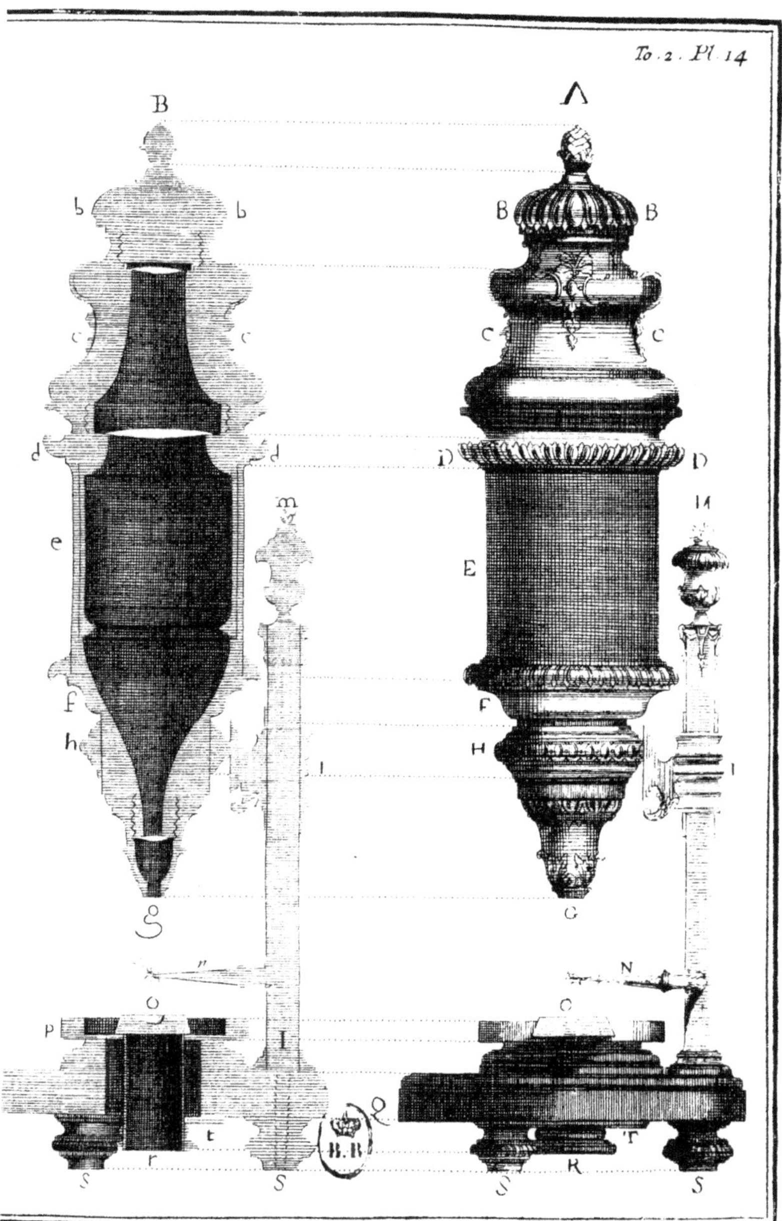
B
A

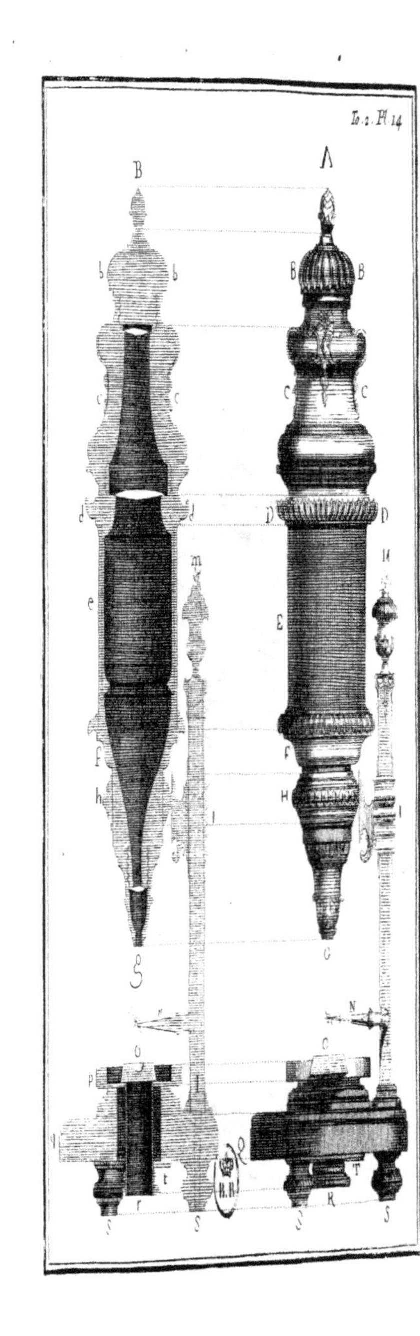

To.2. Pl.14

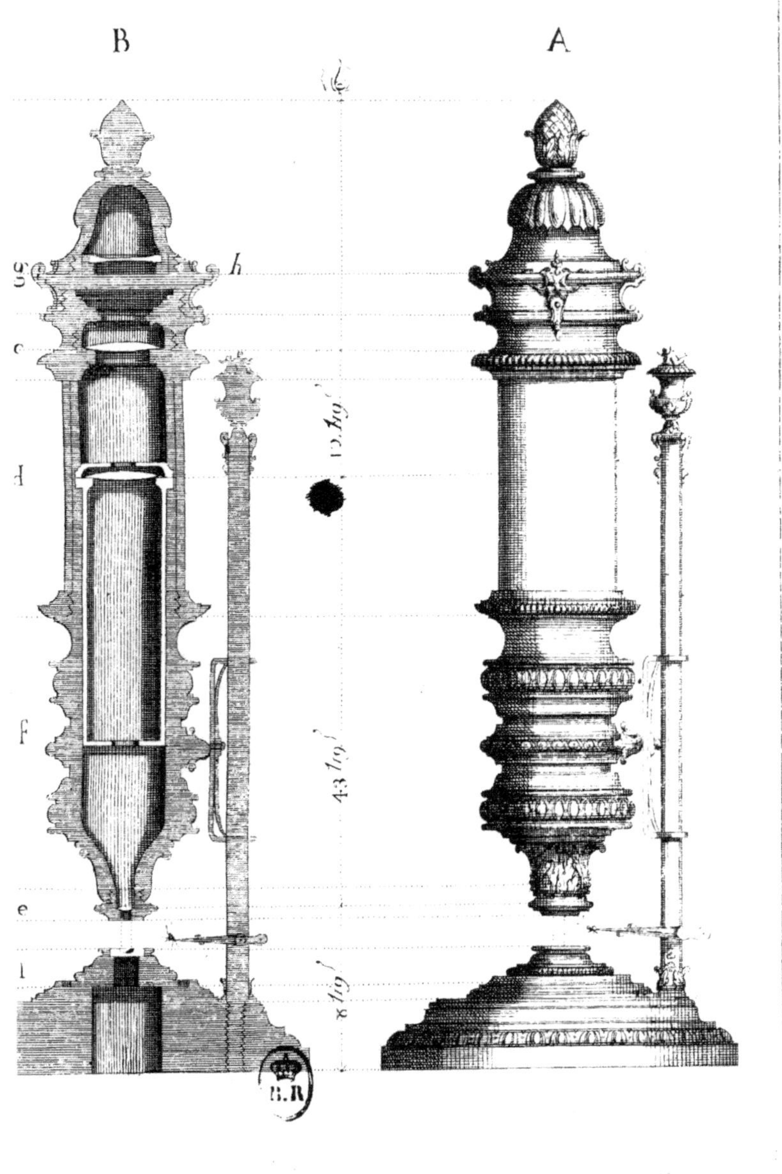
B
A
g
h
c
H
f
e
i
12.lig
43.lig
8.lig

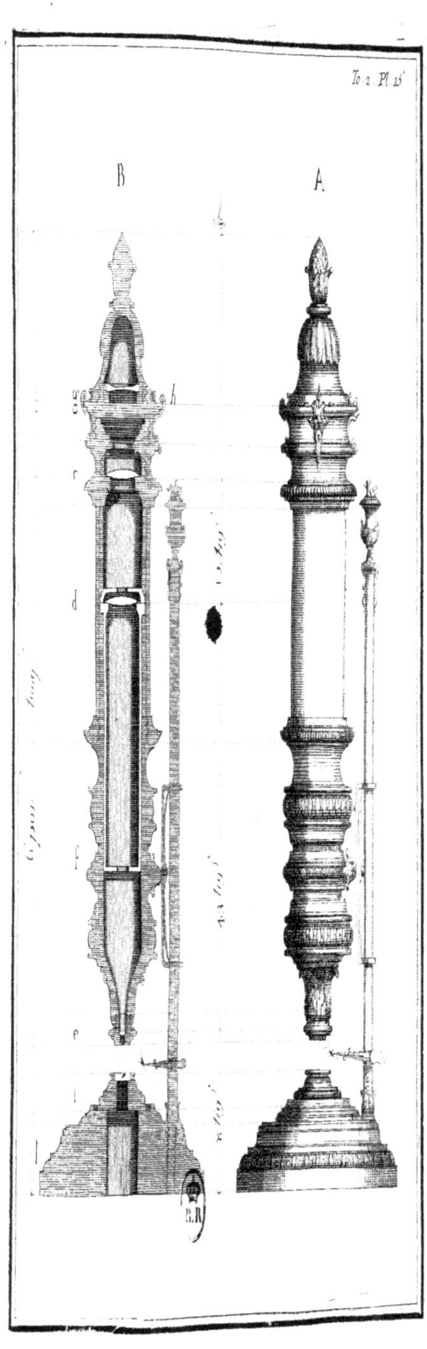

To.2. Pl.15.
B
A

...veau Microscope Universel

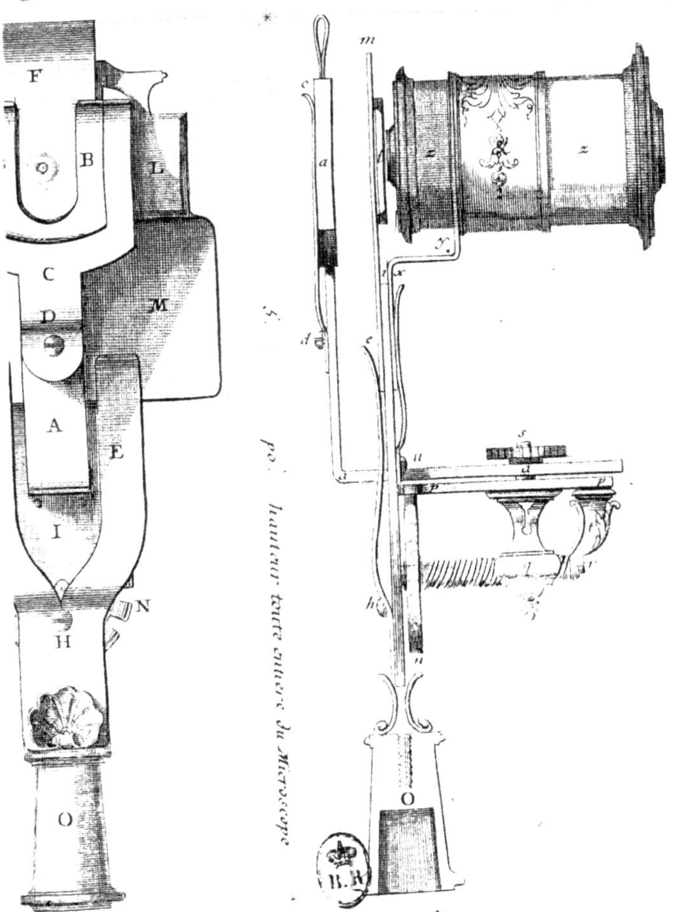

Nouveau Microscope Universel

Fig. 1.

Fig. II.

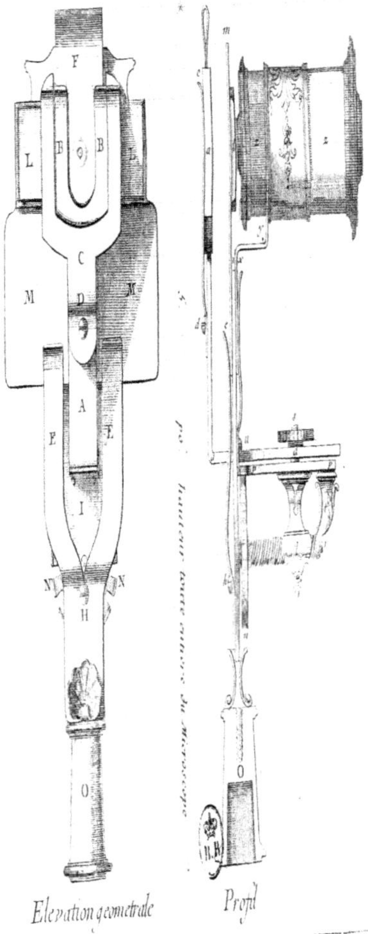

Elevation geometrale

Profil

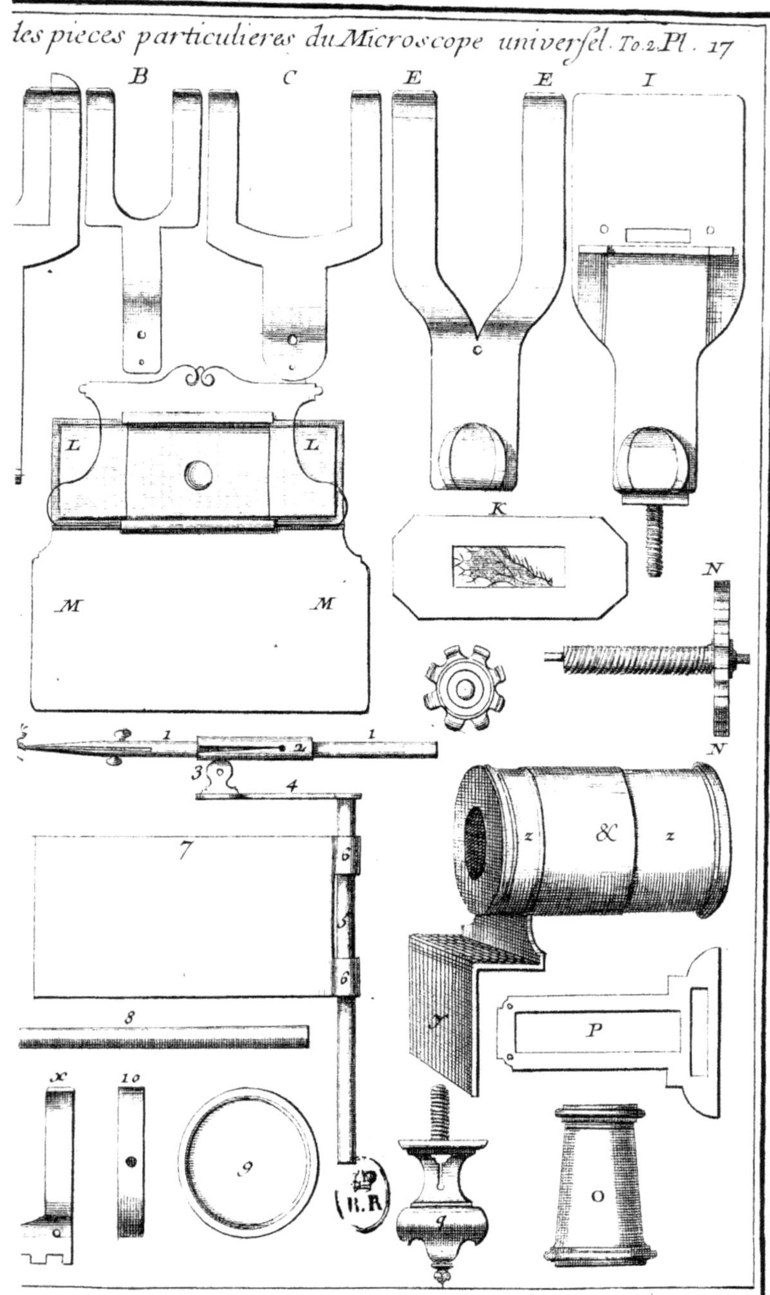

B
C
E
E
I
L
L
M
M
K
N
N
z
&
z
P
O
7
8
9
1
1
2
3
4
5
6
6
x
10
q
R.R.

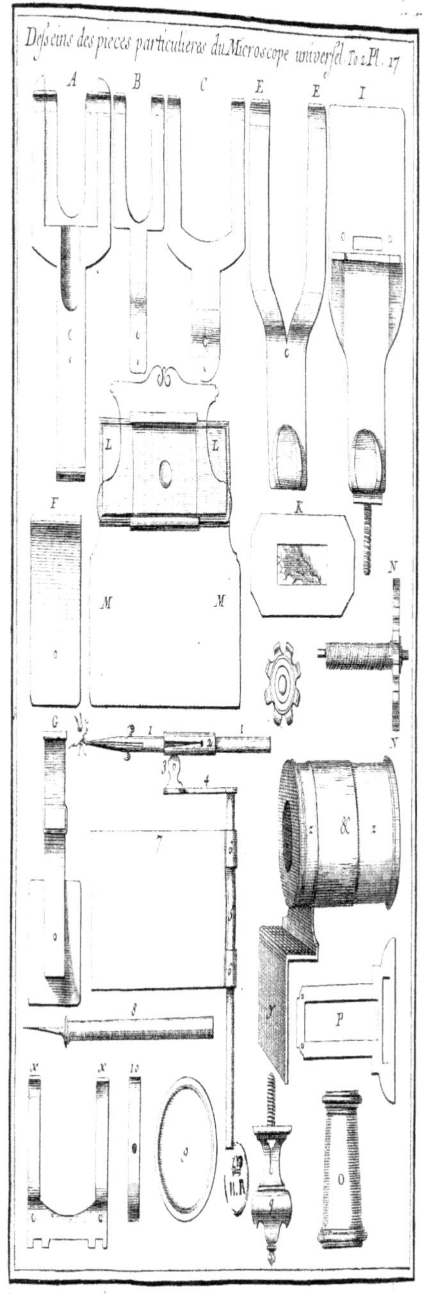

Desseins des pieces particulieres du Microscope universel. To 2 Pl. 17
A
B
C
E
E
I
L
L
F
K
M
M
N
G
N
&
P
X
X

desseins des pieces qui achevent le microscope universel To. 2. Pl. 18

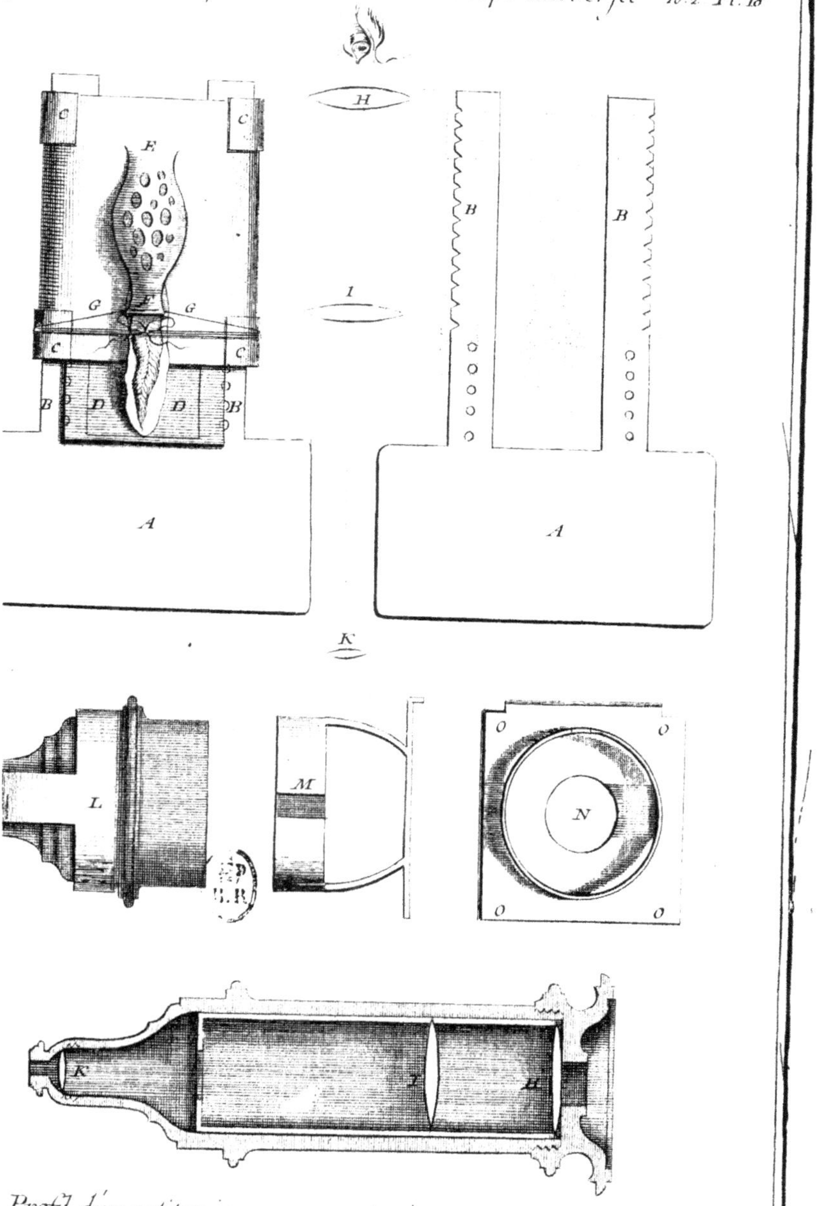

Profil d'un petit microscope a trois verres

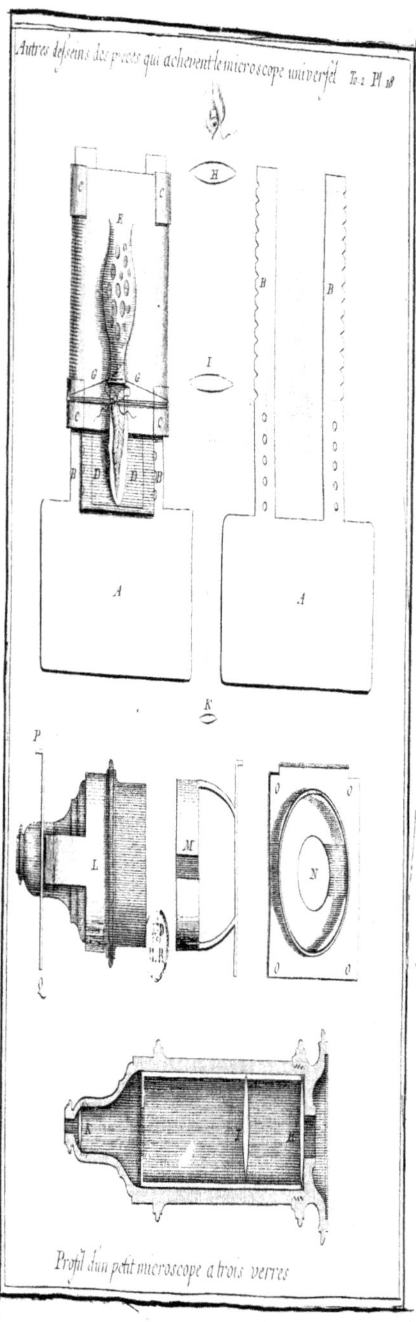

Autres deſſeins des pieces qui achevent le microscope univerſel   To. 2. Pl. 18
H
E
G   G
C
B   D   B   B
A
B
B
A
K
P
L   M   N
Q
Profil d'un petit microscope a trois verres

Nouveau Microscope Universel.
To. 2. Pl. 19.
Fig. 2.
p
o
n
n
a
h
b
c
i
l
e
f
a
Fig. 1.
L
M
M
D
E
F
F
A
A
B.R.

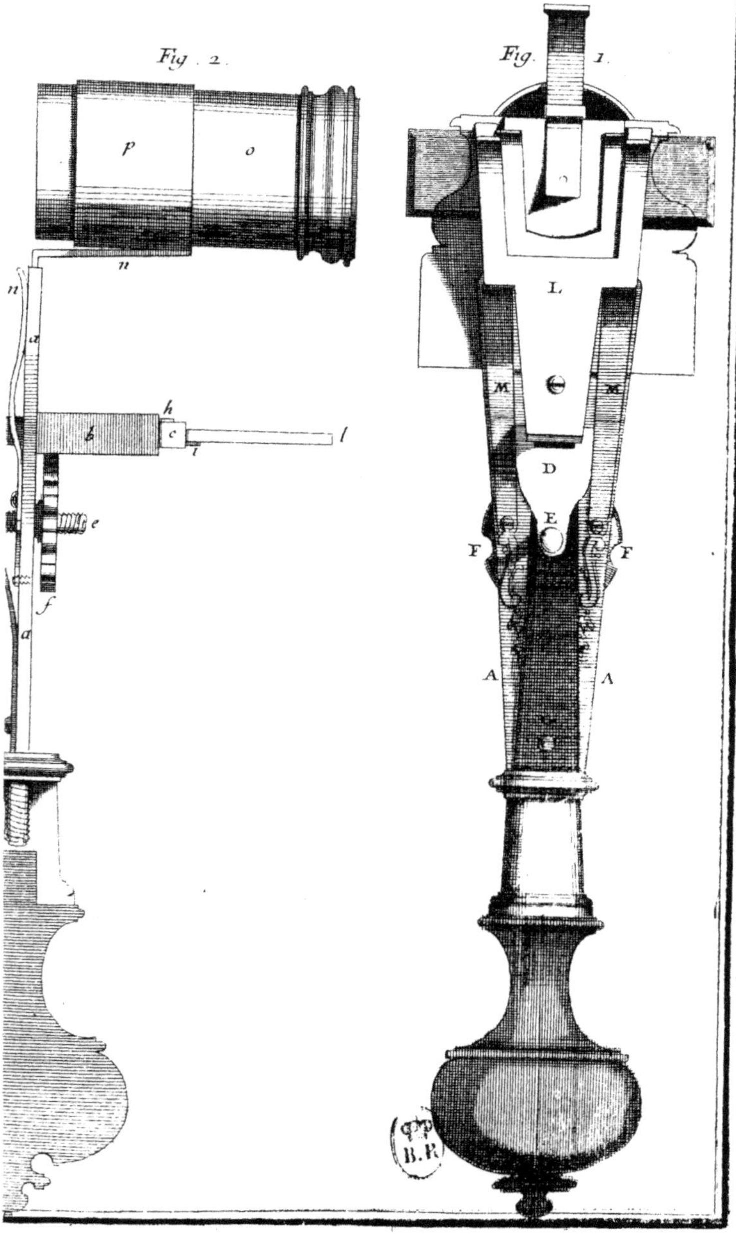

To. 2. Pl. 19.

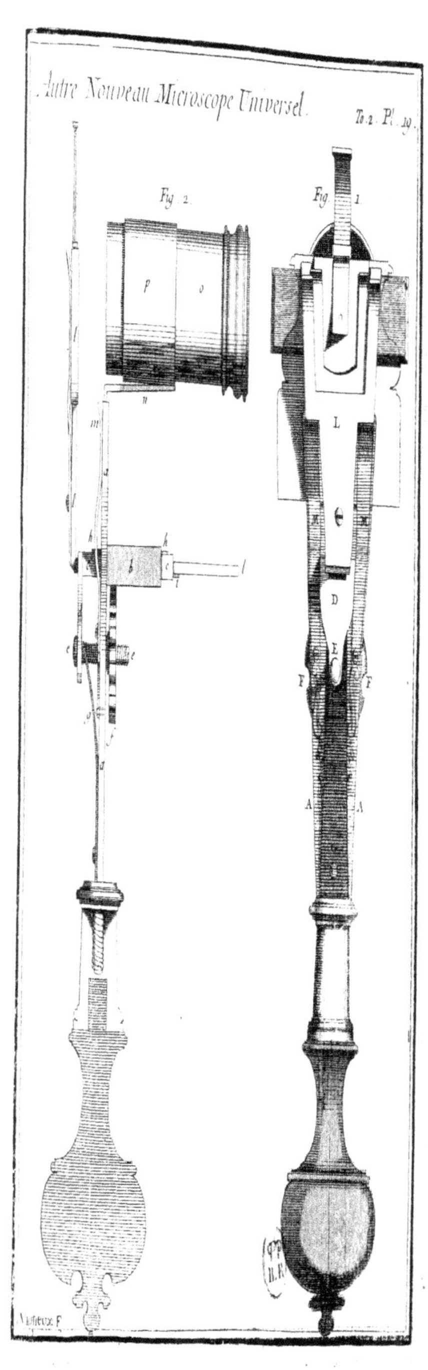

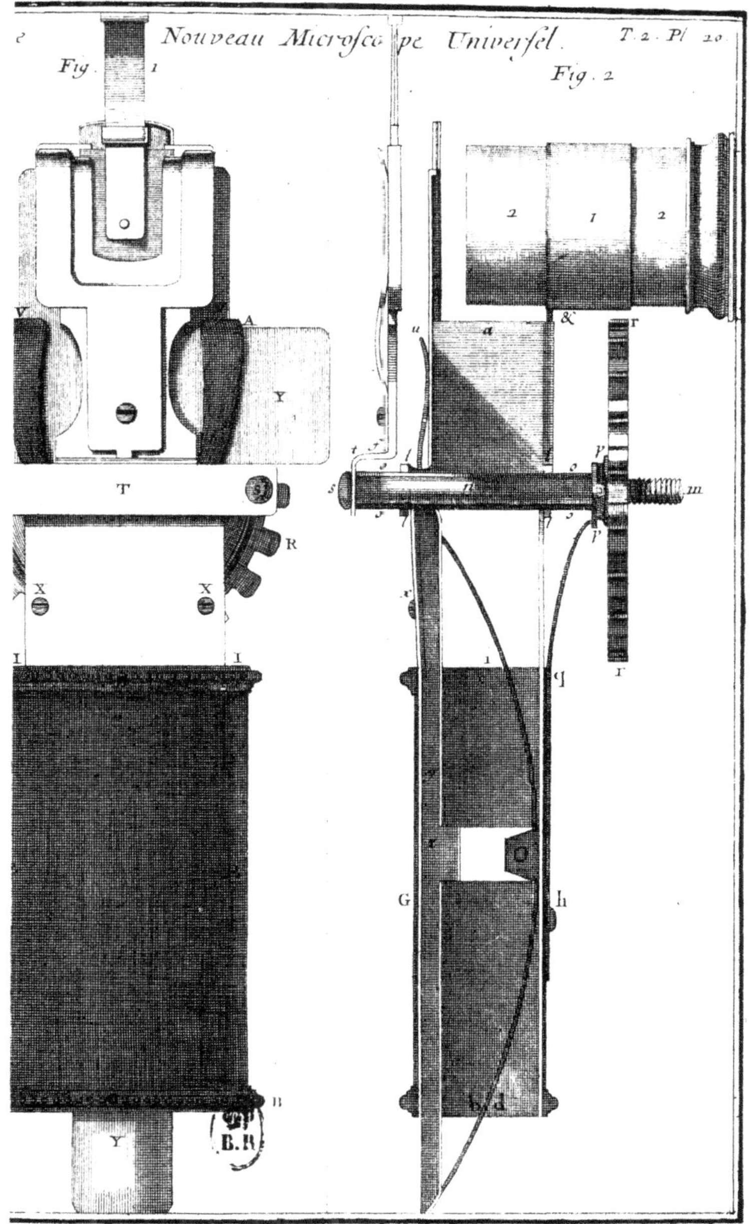

Nouveau Microscope Universel.
T. 2. Pl. 20.
Fig. 1
Fig. 2

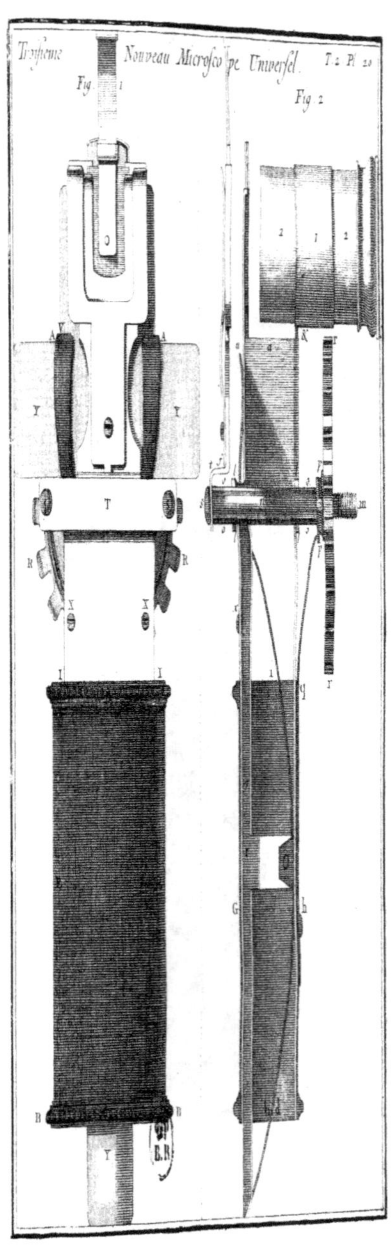

Troisieme
Nouveau Microscope Universel
T. 2 Pl. 20
Fig. 1
Fig. 2

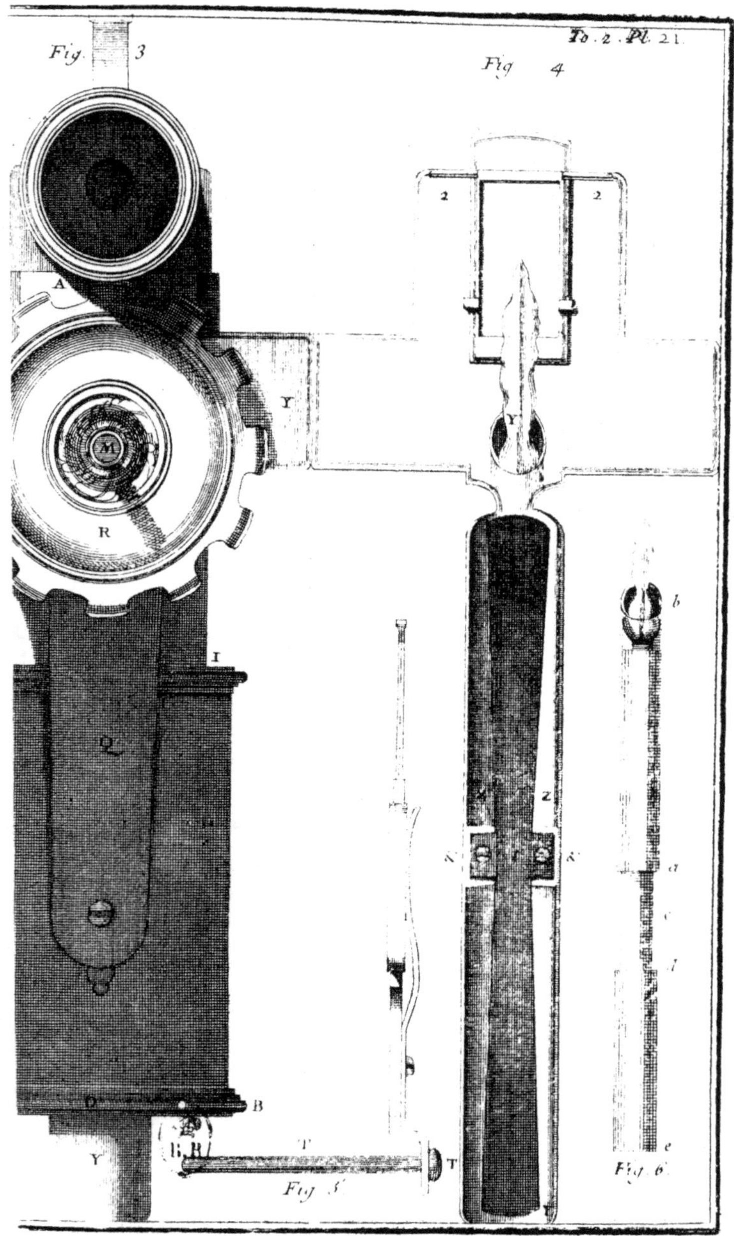

Fig. 3
Fig. 4
To. 2. Pl. 21.
A
Y
M
R
I
Q
D
B
Y
Fig. 5
T
T
Y
Z
b
a
c
d
e
Fig. 6

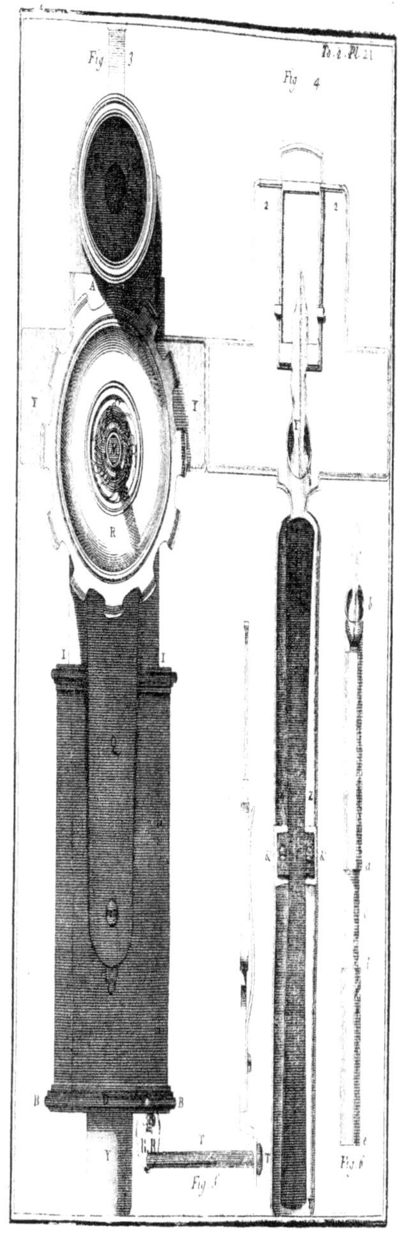
To.2. Pl. 21
Fig. 3
Fig. 4
Fig. 5
Fig. 6

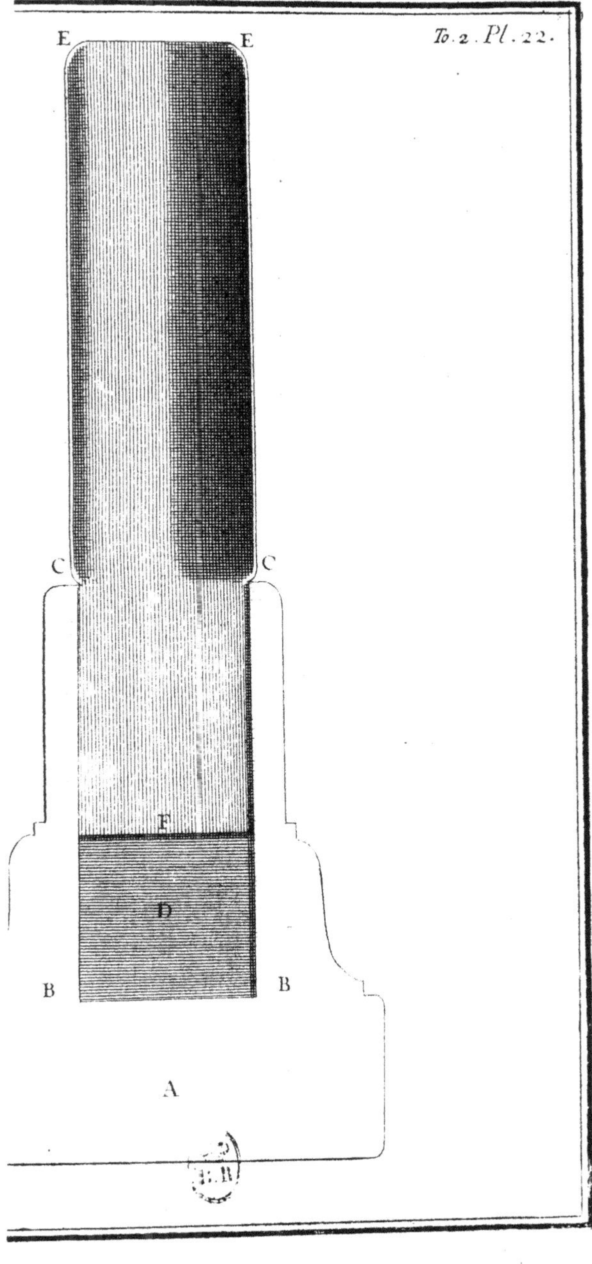
E   E
C   C
F
D
B   B
A

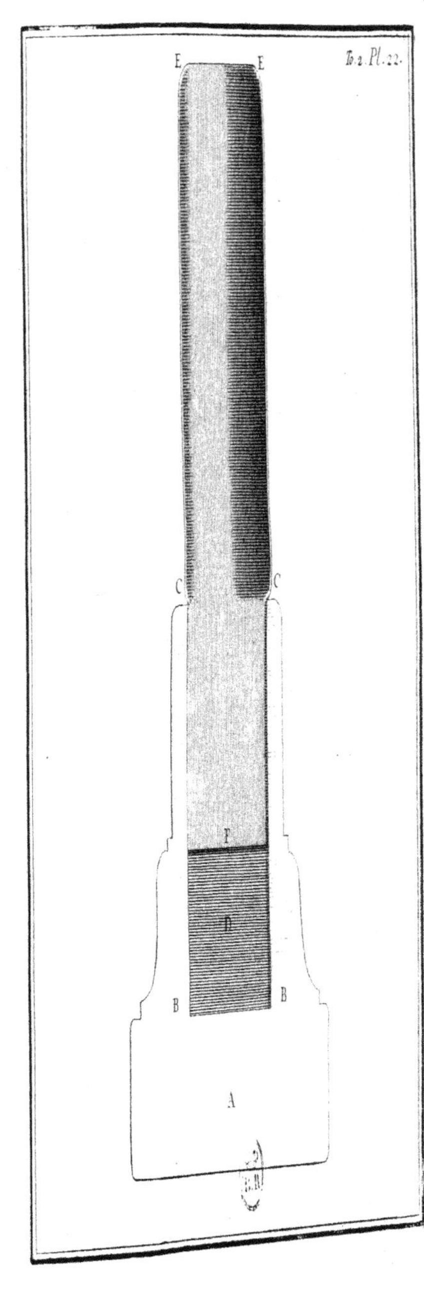

To.2. Pl.22.
E   E
C   C
F
D
B   B
A

To. 2. Pl. 23.
Nouveaux Microscopes universels,
à trois verres. 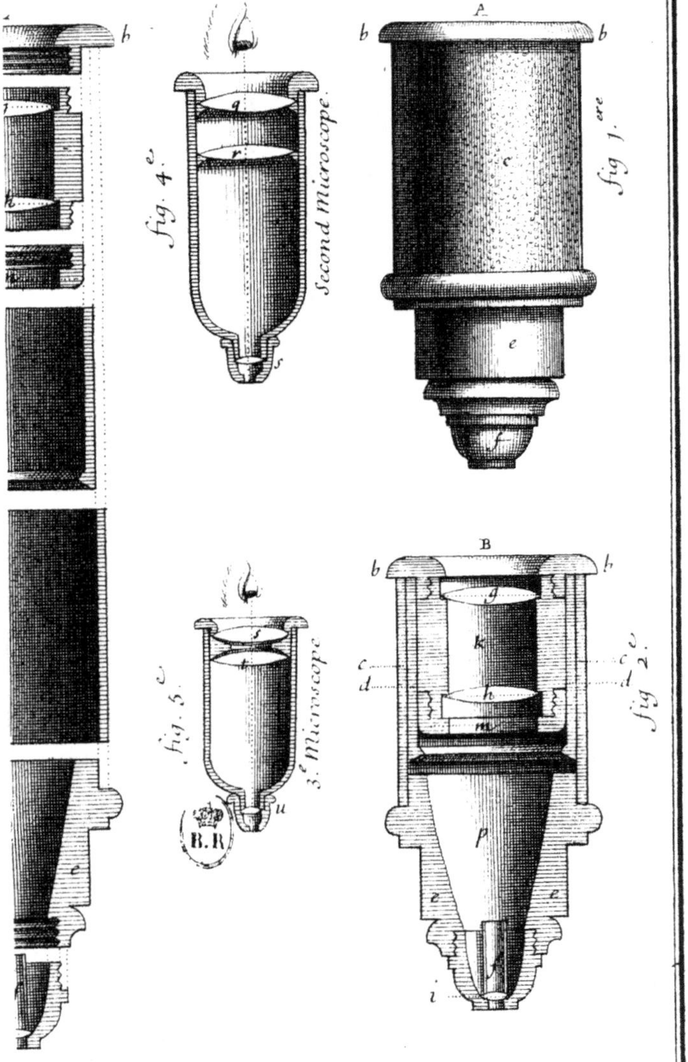
fig. 1.ere
fig. 2.e
fig. 4.e
fig. 5.e
Second Microscope.
3.e Microscope.
B.R
Havard Sculp.

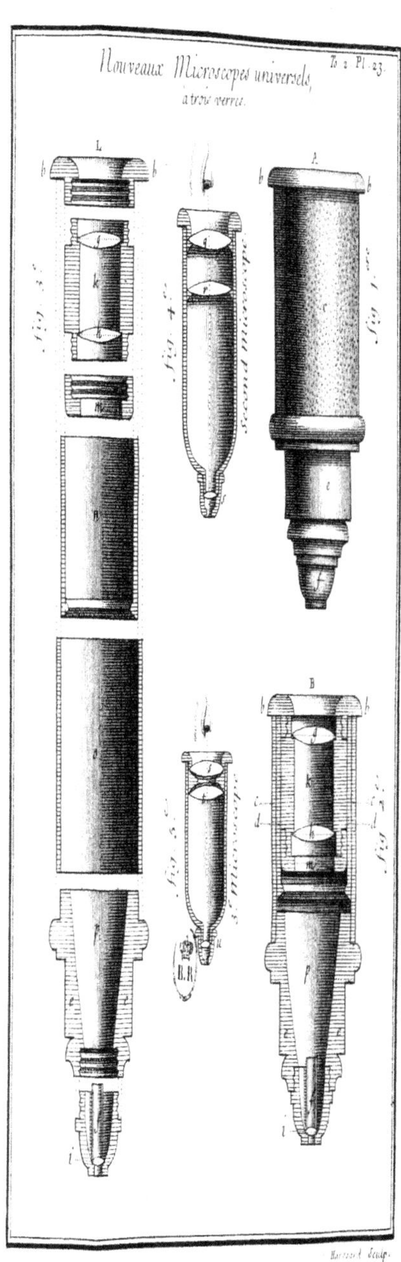

To. 2. Pl. 23.
Nouveaux Microscopes universels,
a trois verres.
Second Microscope.
3.e Microscope.
Harisset Sculp.

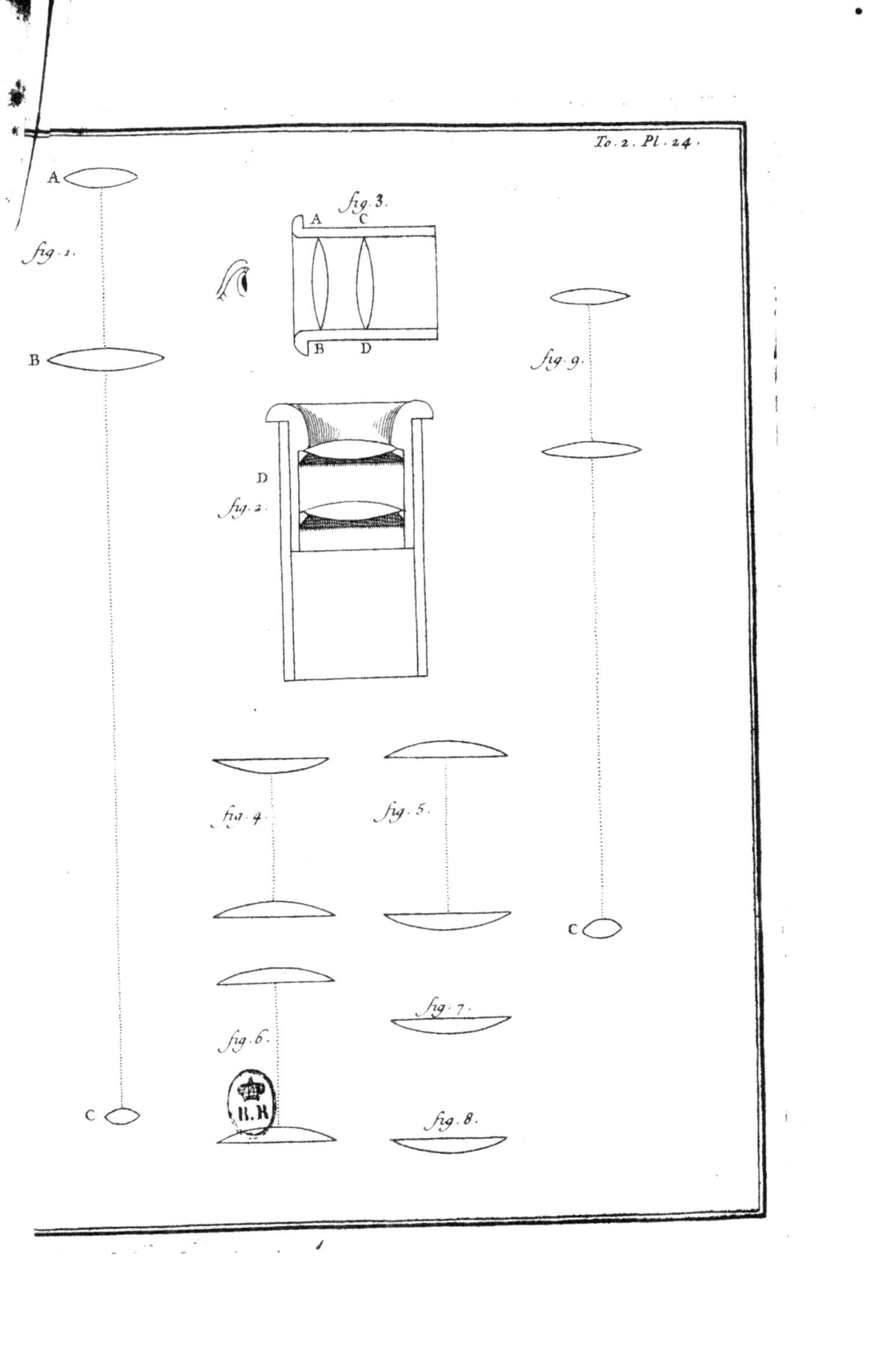

A
B
fig. 1.
fig. 3.
A C
B D
D
fig. 2.
fig. 4.
fig. 5.
fig. 6.
fig. 7.
fig. 8.
fig. 9.
C
C

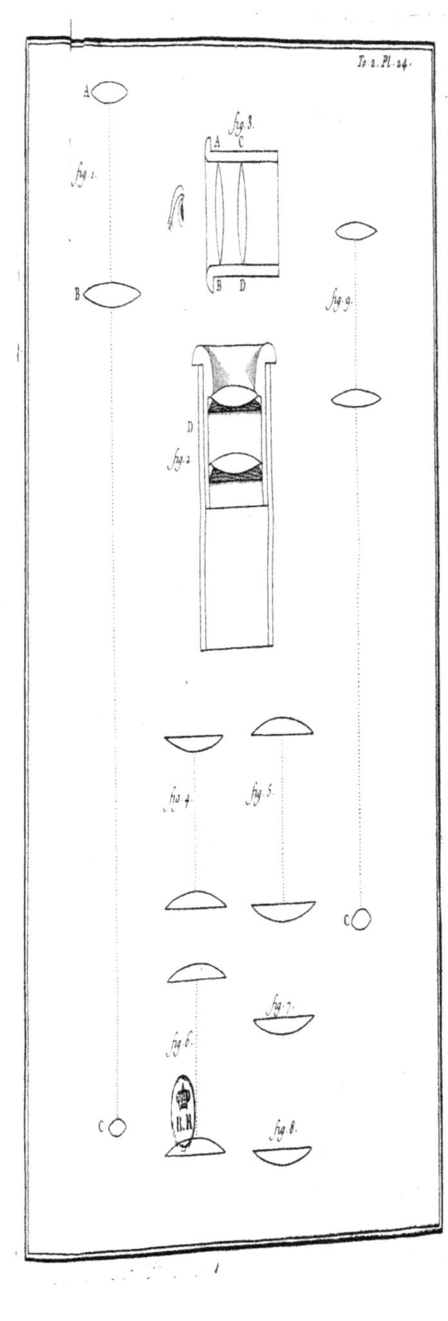
To. 2. Pl. 24.
A
B
fig. 1.
fig. 3.
A C
B D
fig. 9.
D
fig. 2.
fig. 4.
fig. 5.
C
fig. 6.
fig. 7.
fig. 8.
C
B.N

9 782329 814865